1日1講義1ヶ月で
心が軽くなる考えかた

どうせ死ぬ
この世は遊び
人は皆

中田考

実業之日本社

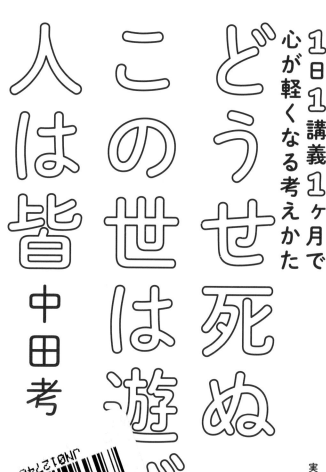

まえがき

私は若い人の人生相談などを受けることもあるのですが、その度に正直に言って「みんなくだらないことに悩んでいるなぁ」と思ってしまいます。

人間最後はどうせみんな等しく死ぬ。だから悩んでいたって仕方がないというのは真理ですが、その通りに伝えても納得するような人はほとんどいませんから、困ったものです。

この世の不幸のほとんどは、誰かから言われたことをやらされていることで感じます。「誰かから言われたこと」というのは、直接的な指示だけではなく、社会常識のような「人としてやるべきとされているもの」なども含まれます。

「何時に会社や学校に行かなければならない」「大学を卒業したら働かなければならない」「親の面倒は見なければならない」「老後のためにお金を貯めなければならない」とかあげればキリがありませんが、信仰を持たない人間にとっては「やらなければならないこと」など一つもありません。何をしてもいいいし、何もしなくてもいいのです。

私はイスラーム教徒ですから、絶対的なものは神だけです。神だけに重きを置き、それ以外のことはどうでもいいという立場です。神の教えだけがやるべきことです。

しかし、信仰を持たない人にとっては、したいこととできることだけをしていればよく、毎日ゲームをして過ごしたいと思うのであればゲームをしてもいいし、何もせずにボーッと過ごしたいならそうしてもまったく構わない。好きなことをして過ごして誰かに責められる謂われはありませんし、白い目で見られるのが嫌だとかそんな意味のないことを気にする必要はありません。

こんな感じで、人の悩みのほとんどに対して、私の返答はこのような身も蓋もない話にしかなりません。もしここだけを読んで「救われた」「楽になった」と思うようなら、この先読み進めていく必要はありませんから、ここで本を閉じてしまいましょう。それなりに気楽に生きていけるはずです。

ただ、「そんなことを言われても楽になるはずないだろう」と思う人もいるでしょうから、そんな人にはこの本に書いた話があなたのダメな人生の役に多少は立つかもしれませんし、「なんとなく生きるのが辛い」と思っている読者の皆さんがここに書いてあることを実践すれば、ある程度目先の悩みからは解放されると思っています。

ただ、すべてを実践するのはもしかしたら難しいかもしれませんから、まずはできることから始めてみましょう。

本書は①HOP②STEP③JUMPという三段階の構成になっていて、それぞれの章には次のような目的があります。

①HOP………科学的に宇宙には目的も意味も価値もないことを知ること。
②STEP……自由な自分など存在しないことを知ること。
③JUMP……宇宙には外部があり、「自分」とはその外部との接面であることを知ること。そして自由な自分など存在しないことを悟ること。

今の段階では何を言っているのかよくわからないかもしれませんが、とりあえずあまり難しく考えずに第一講に進んでみてください。

読者の皆さんが、今自分の目の前にある問題が塵芥《ちりあくた》のような些末事に過ぎないことに気付き、その生を超えた世界があなたに開かれることを祈っています。

目次

HOP

STEP

JUMP

補講

HOP

HOP 1

真剣に遊ぼう

人生は遊びです。

遊びというのは、真剣にやらないと楽しくありません。

そして、人生自体が一番楽しいゲームであり、その手引書がコーランです。

よく仕事が楽しくないという人がいますが、それはその仕事を自分のためにしていないからです。

有名な哲学者カール・マルクスの疎外論というものがあります。

これはマルクス主義の経済・社会的理論の根幹を成す概念で、労働者が自分自身の労働から疎外（エイリエンテーション）されるという考え方です。つまり資本主義社会において、労働者は自分が生産する製品やサービスから切り離され、それが自分自身のものではなく、他の人（資本家）のものになってしまうということをマルクスは指摘しているんです。

今の日本のような資本主義の世の中では、お金がないと生きていけないと思い、お金をもらうために働きます。お金を持っている人はお金で人を働かせることができます。お金が主人になって、人間はその奴隷になって働いているのです。

自分のために働いていない。お金に働かされている。これが「仕事が楽しくない」

と思う最大の原因です。

だから「遊びこそ人生の目的である」という考えを持って、その遊びを本気で、真剣にやる。

できれば仕事も遊びの一つだと思い込めれば幸せです。

人生全体を遊びだと解釈できれば、いつだって楽しく生きられます。

逆に「仕事だけが生きがい」という人は、引退後にその生きがいがなくなってボケていくという話もよく聞きます。

だから仕事より遊び、できれば人生なんて全部遊びなんだと捉えて取り組んでいる方が、幸せに過ごせるのです。

遊びと聞くと、多くの人は子供の遊びや趣味を思い浮かべるでしょう。

遊びをせんとや生まれけむ　戯れせんとや生まれけん
遊ぶ子どもの声聞けば　我が身さへこそ揺《ゆる》がるれ

と『梁塵秘抄《りょうじんひしょう》』にも詠われています。

小さな子供は無職でお金はなくても、何が楽しいのかもよくわかりませんがなんで友達なのかわからない子供たちと夢中でキャッキャウフフと騒いで走り回っています。「真剣に遊ぼう」とは夢中になって遊ぶことです。子供だけでなく幸せになるには大人も遊ぶことに夢中にならなければなりません。遊びに真剣に取り組むことで、人生の質を向上させることができます。遊びが大人にもたらす意義や価値について、詳しく解説してみましょう。

遊ぶ目的は遊び

遊びの定義は、楽しむことや自由な時間を過ごすことなど様々ですが、一般的には目的や目標を持たずに楽しむ活動とされています。遊びはストレス解消やリフレッシュに繋がり、また自己成長や人間関係の深化、新たな発見やインスピレーションを得ることができます。

しかし、一番大切なことは、**何かの役に立つからとか、別の目的のための手段として遊んではならない**ということです。それではお金のために働くのと変わりません。

真剣に遊ぶとは、子供が無心にただただ楽しいから遊ぶように、他に何の目的もなく、ただ楽しいから遊ぶことで、資本による労働の疎外によって忘れさせられてしまった、お金のために働くのではなく、それ自体が自分にとって楽しいから働く、という本来の労働の悦びを思い出すためです。

仕事の役に立つからとか、自己実現のためとか、人間関係を広げてコネを作るとか、ストレス解消のためとか、何かのために遊んだのでは遊びの悦びは失われてしまいます。

遊びは遊びでしかないことは、子供でも知っています。ままごと遊びをする時、泥団子は食べられないこと、お母さん役をする子供も自分がお母さんでないことを知っています。鬼ごっこの鬼は本当は鬼でなく、捕まっても殺されて食べられたりしません。サッカーでゴールにボールを蹴り入れたからといって、人生の勝者になるわけでもありません。

遊びは遊び、心の底では本物ではない、嘘だということを知っているから、楽しめるのです。でも、こんなものただの遊びじゃないか、と思ったら白けてしまって遊びは台無しになってしまいます。遊びは本物の人生でないことを知っているからこそ楽しむことができますが、遊びだからこそ真剣に遊ばないとその悦びは台無しになってしまうのです。

それをちゃんとわかっていないと遊びは人間を疎外から解放するどころか、より深刻な疎外に陥らせてしまいます。ギャンブルがそうです。ギャンブルは、本物のお金がかかることで、遊びでなくなってしまいます。純粋な自己目的の悦びを学ぶための遊びが、お金を得るという目的の手段になってしまうのです。しかも楽をして大金を摑もうとの射幸性まで加わるので、資本主義によってお金の奴隷になっていた人間がますます大金に目が眩んだ銭の亡者になってしまうのです。

でも本当に大切なのは、**この世の人生自体が遊びである**ことを知ることです。コロナ禍で、私たちは、それまで大切だと思っていた学校も仕事も、本当は行かなくても誰も困らないものだったことを知りました。そしてそれよりも大切なことは、結局はどう生きても人間は死ぬものであり、誰が死んでも、それで人類が滅びるわけでもなく、必要な人間など誰もいないことに気付かされたことです。

そうです。遊びが本当はどうでもいいことだったからこそ、気楽に楽しめたように、**この人生も本当はどうでもいいこと、死ぬまでの暇つぶしであることに気付けば、気**

楽に楽しめるはずです。でも遊びは真剣に遊ばなければ楽しめません。この世の生は、束の間、仮初《かりそめ》のものであっても、「それを言っちゃあお終いよ」です。遊びにはいろいろあり、好みも人それぞれです。誰もが自分が楽しいと思う遊びを遊べばよいのです。人に押し付けられた遊びなど遊びではありませんから。この世の遊びなど、上手くできなくても、所詮死ぬだけ、勝っても負けても最後は皆が平等に死んで終わりです。気楽に楽しめばよいのです。

コーランにも以下のように言われています。

「今生はただの遊び、戯れ。来世こそが本当の生。もしも彼らが知っているとしたら」（コーラン29章64節）

それでもし、遊びでしかないこの世の人生の彼方に、本当にそのために生きる価値があるものを見つけることができれば、それに越したことはありません。

HOP

2

人は
どうせ
みんな死ぬ

最初に人生は遊びであると説明しましたが、真剣に楽しく取り組んでいたって人間はどうせ死にます。だから悩んでいても仕方ありません。と言ってしまうと、この先もう何も書くことがなくなってしまうのですが、それでは本として成り立たないので続けて書きます。

生きてもいいし死んでもいい

まず、大多数の人が**「生きていかなければいけない」「死んではいけない」と思い込んでいますがこれは間違い**です。

人間は最後には死んで終わりです。どう頑張ったって最後には死ぬんですから、「死んではいけない」というのはそもそも間違っています。

自殺しようとしている人を止めて賞賛されるみたいなニュースもよくありますが、あれも間違っています。死にたかったら死ねばいい。SNSができたせいで、実際には会ったこともない人のキラキラした人生を見せつけられたり、ちょっとした失言で炎上したり、四六時中送りつけられてくるメッセージにうまく即答しなければいけない、との強迫観念に取りつかれたり、「生きにくい」と感じる人も増えているようですが、「だったら死のう」という選択をとってもいいわけです。

「死んじゃダメだ、生きていなきゃいけない」と言う人は、自分がそう思っているので他人もそう考えていると思い込みたいだけです。生きることに価値があると思っている、自分の価値観を守りたいだけです。

それでもこの本を手に取っているあなたはとりあえず今は生きていることになります。ではなぜ生きているかというと、生きたいから生きている、それだけです。それに気持ち的には死にたいと思っていても、心臓にしても肺にしても、生物の臓器というのは持ち主の意思にかかわらず動いています。人間は自分の細胞を自由に動かすことはできませんし、心臓も肺も脳も自分で動かすことはできません。それでも死にたいと思えば、自由に動かせる手足を使って無理やり自らその生命活動を止めることもできますが、それをしないということは生きていたいからです。

それと同じように相談されたのなら「死にたい」と口では言っていても、実際に生きている以上生きていたい、少なくとも死にたい理由がなくなれば生きていたいのでしょう。それならばとりあえずは、話を聞いてみて、その人が生きたくなるようなことをしてあげたり、言ってあげられるならそうするのもいいでしょう。

しかし何もできないのに「死んではいけない」とか「死ねば悲しむ人がいる」などと言うのは呪いでしかありません。本当に悲惨を極める救いのない人生で心の底から死にたいと思っているのに「死んではいけない」と言われて死ぬより苦しい思いをして生き続けて苦しみのうちに死ぬことになっても、言った人間は良いことをしたと自己満足にひたるだけで、何の責任もとりません。

とりあえずその時は気を取り直して生きる気になっても、いずれはその人も死ぬのです。その時「死んではいけない」「死ねば悲しむ人がいる」などという言葉は呪いとして残ります。死ぬことがいけないことなら、人間は皆、死ぬ時に、自分は悪いことをしている、悪人だと思いながら死ななくてはなりません。

死にたいと思って死ぬ方がまだいい

少し話が変わりますが、これを書いている私は今六三歳で、同級生のほとんどが生きています。しかし、この三年くらいの間に三人ほど亡くなってしまいました。

一年くらい前にそのうちの一人が本当に急に亡くなってしまったんですが、ウミガメを見ると言って、奄美大島で海に潜っていたときの心臓麻痺が原因でした。同じ時期に、国際政治学者の中山俊宏先生が脳溢血で逝ってしまった。中山先生は私より少し若くて五五歳でした。

「羨ましい」という感情は自分より恵まれていると思う人のことを見て抱くわけですけど、昨日まで元気に活躍していた方でもそうやって急に亡くなってしまうこともあるんです。そう考えると、逆に自分が生きているってことを幸せだと思えるのではないでしょうか（私はそもそも生きていたいと思わないので、コロッと死ねるのがむしろ羨ましいですが）。

遊んで生きて、適当に死ぬというのが一番いいですね。

「人はどうせみんな死ぬ」という言葉から無理やり人生訓を引き出したりしようとしてはいけません。この世には人間に生きる意味もなければ死ぬ意味もありません。人間には生きる価値もなければ、死ななくてはならない謂われもありません。生きたければ生きればいいし、死にたければ死ねばいい。しかしどうせ死ぬんですから、死にたいと思って死ぬ方がまだ楽そうです。まぁ、どちらも無意味なことに変わりはありませんが。

例えば日常生活の中での小さな喜びや幸せを見つけようとしたり、死を受け入れることで自分の人生を大切にし、周りの人々との繋がりや愛情をより大切にするようになり、家族や友人、パートナーなど、大切な人たちとの時間を大切にし、互いに助け合い、支え合うことの大切さを実感し、人間関係がより良好になり、あるいは自然との共生を大切にするようになって、人生をより充実したものにしよう、とかです。そんなことをしても結局死ぬのですから、死が近づけばすべて無駄だったとむなしい思いをしたり、親しくなった人たちと別れなければならないことで未練が残って苦しい思いをしたりするのがおちです。

「映える」死に方を考えてインスタに投稿しよう

「人はどうせみんな死ぬ」と思えば困難や挫折に打ち勝つための勇気がわき、どんな困難な状況でも、最終的には死という現実に向き合うことを考えると、その困難が乗り越えられないものではないことに気付き、様々な試練に対して前向きな態度を持つことができるとか言う人がいるかもしれませんが、ただの誤魔化しです。どんなに困難を乗り越えても、結局死ぬのですから、わざわざ困難に立ち向かって辛い思いなどする必要はありません。

また自分の人生に限りがあることを意識することで、自分が成し遂げたいことや達成したい目標に向かって、より積極的に取り組み、自分自身を向上させれば、人生の中で達成感や充実感を得ることができる、などと言う人もいるかもしれませんが、それも変な話です。何を成し遂げようと、どんな目標を達成しようと死ねば全部消えてしまいます。何をしようとも、その時だけでも楽しいなら、別にケチをつけようとは思いませんが、どうせ消えてしまうことを何か意味があるかのように嘘をついてけしかけてやらせるのは、詐欺とまでは言わないとしても、余計なお世話でしかありません。

「人はどうせみんな死ぬ」から、どんな状況でも、どんな選択でも、人生は自分自身が創り上げるものであり、死を受け入れ、人生を大切に生きることで、自分自身が主役の人生を創り上げ、「人はどうせみんな死ぬ」との事実を力に変えて、自分の人生を最高のものにしよう、などと言う者の言葉に耳を傾けることはありません。

コーランにも以下のように言われています。

「誰でも皆死を味わう。だが復活の日にはあなたがたは報いを受ける。それで業火から遠ざけられ楽園に入れられた者は確かに成功したのである。この世の生活は偽りの快楽に過ぎない」（コーラン3章185節）

人生は自分のものでもなく、自分が創り上げるものでもありません。人は知らない間に生まれ、自分の意志に反して死ぬだけです。人生が自分のものであり、自分で創り上げる、などと考えるなら、自分で死ぬしかありません。今の流行りなら、思い切り「映える」死に方を考えてインスタに投稿する、といった生き方／死に方が、一番よさそうです。

HOP 3

仕事をやめよう

「したくもない仕事を続けるのはなぜか?」と聞かれると、大抵の人は「食べていくため必要だから」と答えるでしょう。食べていくために必要だから、毎日朝早くに起きて、満員電車に揺られて職場に向かう。

でも今の日本では仕事がないくらいじゃなかなか死にません。コーランには「思いもよらなかったところから神様が食べ物を恵んでくださる」と書いてあります。

日本はどこにでも食べ物が転がっています。魚を獲ったりネズミを捕まえて生肉にかぶりついたり、野草を齧ったりしなければならないわけではありません。調理済みの御馳走がコンビニに並んでいて好きなだけ食べ放題です。食べ終わったら留置場、刑務所に入れてもらえ雨露しのぐ場所と栄養管理の行き届いた食事がただで与えられます。これを繰り返せば一生生活は安泰です。

本当に食べるものがないところでは、食べ物を盗めば住民たちに取り押さえられリンチに遭って殴り殺されます。働かずに他人の食べ物を奪う盗人を生かしておいては、食べ物を盗まれた人間の方が飢えて死ぬからです。仕事をしなければ食べていけない、というのはそういうことです。

日本は今、坂道を転がり落ちるように貧しくなっていますが、昔の蓄えがあるので、道に餓死者が転がっているといった事態にまではなっていません。生活保護もあるので、泥棒をする必要すらありません。仕事をやめたからといって生きていけないというわけではまったくありません。

だから本当に仕事が嫌でたまらなくてやめたいならやめてみましょう。刑務所に入ったり、生活保護を受けたりする方が、仕事や人間関係のストレスより大きい、というなら、そのストレスはその程度のものだということです。どちらでも好きな方を選べばいいのです。

悩んで自己啓発セミナーにお金を払うバカ

仕事が嫌でやめたいと思うと、今なら大抵の人は自己啓発セミナーや、転職サイトとかに登録したりするのだと思います。そうすると、だいたい以下のようなことを言われるでしょう。

「仕事をやめることは、大きな決断です。この決断が生活や人間関係、そして自分自身にどのような影響を与えるかを慎重に考えることが重要です。しかし、仕事をやめることによって得られる機会や新しい人生の可能性について考えることも大切です」

とか、

「仕事をやめようという決断は、慎重に考えられた上での選択であれば、人生に新たな可能性や豊かさをもたらすことができます。自分の価値観や目標を見つめ直し、新しい人生の道を模索する勇気を持ち、その後の生活設計や人間関係、自己成長のための計画を立てることで、仕事をやめた後も充実した人生を送ることができるでしょう」

とかです。

全部、ああも言えればこうも言える、というなんとでも言える無駄話です。だいたい、こんなことで悩んだり、自己啓発本などを手に取っている時点で、転職しても失敗は目に見えています。

そもそも現代の資本主義社会で、**自己実現だとか自分らしい生き方、とかを求めて転職したい、とか言っている連中は九分九厘、楽して金を稼ぎたい、というだけの身の程知らず**です。資本主義社会で楽に儲かる仕事というのは十中八九、自分よりバカな人間を耳障りの良い言葉で騙《だま》して気持ちよくさせて金を巻き上げる仕事です。

そして仕事がうまくいかなくて悩んで自己啓発本などを手に取っている人間は、他人を騙す側ではなく、詐欺師に騙されて金を巻き上げられる側の人間です。転職してもスキルもない新しい職場で同僚には負け取引相手からもカモにされ、無駄に歳だけとって自分の市場価値を下げ、前より条件の悪い職場にまた転職する、という転落の道が目に見えるようです。

こんな本を読んでいるような人には転職などせず、今まで通り会社の奴隷として、生かさず殺さずでこき使われて生きる方がまだマシだ、としか言いようがありませんが、それでも聞く耳持たず、どうしてもやりたいことがあるので転職したい、と言うなら、蓄えや退職金、副業や新たな仕事の見込みなどその後の生活設計や収入の確保など一切考えず、一度きりの人生、好きなようにすればよいのです。たぶん失敗して後で何度も何度も後悔することになると思いますが、最初に書いた通り、日本ではいくら失敗しても死ぬわけではありませんから。

HOP 4

ゲームをやろう

酔生夢死のすすめ

よく「自分の頭で考えよう」と言われます。答えを誰かに聞かず、まずは自分の頭で考えようとか言いますよね。でもバカが自分の頭で考えたって何一つ良いことなどないんです。

だったら引きこもってゲームをしている方がいいです。社会に迷惑をかけることもないし、何より楽しい。中毒性もありますから、ゲームをしていればかなりの時間を潰せます。人生なんて死ぬまでの暇つぶしですから、その時その時を楽しく過ごせればそれでいいんです。

本当は「薬《ヤク》をやろう」と言ってもいいんですが、それはややまずいので、薬に代えてゲームとか中毒性のあるものをやるのがいい。酔生夢死《すいせいむし》という言葉があります。「何もせずに、むなしく一生を過ごすこと。生きている意味を自覚することなく、ぼんやりと無自覚に一生を送ること」という意味です。取り立てて何か特別な才能を持ち合わせているのではない凡人には、誰でも遊べるようにできているゲームの中毒になって時を忘れて遊んでいるうちに熱中症とかになっていつの間にか死んでいる、という酔生夢死の死に様が一番良いと思います。

仕事のためにゲームの時間を削るバカ

ゲームは、現代社会において多くの人々が楽しむ娯楽の一つで、様々なジャンルやプラットフォームが存在し、子供から大人まで幅広い年齢層が楽しんでいるのは確かです。近年ではeスポーツが注目され、プロゲーマーや大会も増え、競技としての地位を築きつつあり、教育や医療の現場でも、ゲームを活用した取り組みが行われていて、ゲームの可能性が広がっています。オンラインゲームや協力プレイを行うことで、他のプレイヤーと共に目標を達成する喜びや、助け合うことの大切さを学ぶとか、パズルゲームや謎解きゲームをプレイすることで、論理的思考力や問題解決能力が鍛えられ、言語学習に役立つゲームや歴史を学べるゲームで知識を楽しみながら身につけることができる、などとゲームの効用を並べたてつつ、過度なゲームプレイは、睡眠不足や運動不足、目の疲れをはじめとする身体的な問題や、家族や友人との関係悪化、学業や仕事への悪影響があり、適切なバランスを保ちながらゲームを楽しむことが重要、などと注意をしてみせるのが最近の流行りです。

でも根本的に間違っています。そもそも資本主義社会で疎外された、金に使われる人生なんて、どうでもよい。どうせ死ぬまでの束の間を生きるため、食べるためだけのやっつけ仕事でいいのです。**大切なのはゲームが楽しいことであって、その時間のために仕事をしているのです。仕事のためにゲームの時間を削るなど本末転倒です。**

知人で東大の理工学部を出て就職したけれどゲームをする時間が取れないのでやめて、ニートになり、栄養ドリンクだけ飲んで三日三晩ゲームをやり続けた結果、光が見えて意識を失って倒れた人がいます。その人は幸か不幸か生還し、今もそういう生き方を続けていますが、そのまま光に包まれて死んでいればそれが最高の生き方／死に方です。

第一節でも述べた通り、遊びは真剣に遊んでこそ無心に楽しめるのであり、それを極めるとこの世の彼方から光が射し込むこともあります。

昔、「愛の戦士レインボーマン」（1972〜1973年）というテレビの特撮番組で「インドの山奥で修行して提婆達多《だいばだった》の魂宿し♬」という歌がありましたが、現代はパキスタンの山奥でイスラーム教徒の導師の下でゲーマーたちが苛酷な修行をする時代です。詳しくは《パキスタンで発見した格ゲー鉄拳の「虎の穴」宗教指導者の姿も！》のキャプション付きの導師の写真入りの記事（乗京真知「格ゲー業界騒然！パキスタン人が異様に強い理由、現地で確かめてみた」『withnews』２０１９年4月17日付）をお読みください。現代社会の修行の道はコンピューターゲームなのかもしれません。

HOP

5

師匠を見つけよう

私はよく「師匠を見つけよう」と言っています。前提として、バカは自分の頭で考えたところで良い結果に繋がるような考えなんて浮かばないのですから、周りの人がやっていることをただ真似していればいいんです。この考え自体、思想家の内田樹先生の『先生はえらい』（筑摩書房、２００５年）のパクリです。

自分のことは自分で決めない

現代は物質的に非常に恵まれている時代です。コンビニだってあるし、スマホだってある。時間を潰すにしても無料のゲームもたくさんあるし、インターネットを使えば様々な情報にアクセスできます。私の若い時と比べれば、今の若い人の方が物質的にも、遥かに豊かな環境で生きているのは疑う余地がありません。今の若い人があの時代に行ったら「なんでこんな時代に生きてられるのか」と言って生きていけないと思います。

「白いご飯が食べられてありがたい」というほどではなかったですけど、例えばお寿司は特別なお祝い事の時に食べるものでした。今ほど暑くなかったとはいえ、エアコン（正確には当時は「クーラー」でしたが）なんてものものないのが普通でした。携帯電話やスマホも当然ありません。今はお寿司であればコンビニで誰でも買えるし、エアコンだってほとんどの学校に完備されている。

それに当時は人権なんてものも、左翼の運動家だけが唱える建前のスローガンでした。自分が生きている価値があるとか、福祉サービスを受ける権利があるとか、考えもしなかったです。

それなのに今の人たちは「あなたはもっとできる」とか「もっと稼げる」とか、自己啓発的な言葉に感化されておかしなことになっている。そんなことしなくたって、周りと同じようにしていればそれなりに楽しく生きていけます。

周囲の人の真似をするよりもっといいのが、**「この人の言うことを聞いていれば安心だ」と思える師匠を見つけること**です。その人の言いつけはなんでも守る。その代わりに面倒を見てもらう。子供の頃なら親、スクールカーストの上位者、クラブの部長とか。大人になれば会社の先輩や上司など。要するに親分、兄貴分です。そうやって手本にする人間が身近にいれば大過なく生きていけます。

「自分のことは自分で決める」とか言っている人間ほど危ないんです。なぜなら「自己決定」「自己責任」という近代西欧世俗資本主義社会のイデオロギーに洗脳されて、そのスローガンを鸚鵡返《おうむがえ》しに唱えているだけなのに、それに気付かず、資本の論理に踊らされ操られているだけなのに自分で考えて自分で決めているつもりになっている哀れな薄らバカだからです。だから自分のことは自分で決めなければ、と思い込んでいる人ほど、自分より優秀な人を見つけてその教えに従った方がいい。

師匠の見つけ方

この「自分より優秀な人間をどう見つけるか」が重要なんですが、これが結構難しい。常に「自分が誰に従えばいいか」を見極める癖をつけておくことが大切です。「夢を持とう」とか考えずに、自分より賢い人間を見極める。一旦決めたら迷わずにその人に従って生きていくのが一番です。優秀とか賢いとかの判断基準を一つ設けるとすれば「結果」です。学校を卒業しているとか、仕事で成功しているとか、自分より優れた結果を出している人についていくんです。大切なのは、**その人が言うことより自分の考えの方が正しいのでは、と思った時こそ、その人の言うことに従う**ことです。

そうして生きていけば、たとえ時には実際に自分自身の考えの方が正しいことが後でわかることがあっても、長い目で見れば、間違いも含めて先生の教えにすべて従って生きた方が正しかったことを悟る日がきっと来るでしょう。

師匠を見つけろ、と言われると、今時の人はすぐ、ＡＩに尋ねたりするのでしょうが、だいたい役に立ちません。

師匠と出会うためには自分が何を学びたいのかどのような分野で成長したいのかを明確に理解するため自己分析しろ、とか関心のある分野のセミナーやワークショップに参加したり、本やインターネットで情報収集をしたりせよ、とか一見《いっけん》するともっともらしいことを言ってきますが、根本的に間違っています。私が言っている師匠とはお手軽な「ハウツーもの」の効率的な身につけ方を教えてくれるセミナーの講師ではありません。私が言う先生とは、自分自身でも自分が何をしたいのかわからない、自分にとって何が大切なのかに気付いていない、そんな時に生きる指針を示してくれる人です。

だから先生は学歴があったり、才能ある芸術家だったり、名人芸の職人だったりする必要はありません。先生というより、親分、兄貴分と呼ぶのが相応しいような人かもしれません。地位も身分も学歴も財産もなくても、たとえば正直な人、優しい人、気前がいい人、義侠心に富む人、義理堅い人とかでも構いません。喧嘩が強いとか、ずる賢いとか、気難しいとかでも構いません。

人間はいろいろです。常にスキルを磨いて成長しようとする意識高い系のエンジニアやアントレプレナーばかりではありません。ニートでも、スリでも、半グレでも、特殊詐欺の受け子でも、幸せに生きるために師匠がいる方がいいことに変わりはありません。親分、親方、兄貴姉貴分、パイセン、『地元最高！』（usagi、彩図社）の紅麗亞《くれあ》さんでもいいわけです。

それぞれの業界での意識高い系なら、師匠を自分のロールモデルにして学んでももちろん構いませんが、そんなことせず何も考えずにボケーっと、ただ言われた通りに生きている、といった生き方でも死ぬまでまぁまぁ無難に暮らせればぜんぜん構わないわけです。

アラブには「導師を持たない者には悪魔が導師になる」という言葉があります。まぁ、いろいろな解釈がありますが、ダメダメな師匠相手にでも誰かに心服できる凡人の方が、独りで何でもできると思い込んでいる小賢しい増上慢《ぞうじょうまん》よりもマシだ、という意味だと私は思います。

HOP 6

プチ出家しよう

現代人はとにかく苦しそうに生きています。特に若い人たちは、周りの情報に振り回され、足りない頭で無駄に考えてしまい余計に苦しそうです。

そういう人は、「自分に価値がないとわかる地点」に降りていきましょう。元々人間には価値なんてないのですが、それに気付くことが大事で、その手段の一つがプチ出家です。

本当に出家してしまうと、これまでの生活や家族、友人など修行の妨げとなる世俗の生活をすべて捨てることになりますが、「プチ」なのでいっとき捨ててみるだけでできます。

タイのようなまじめな（上座部）仏教国では成人男子は一生の間に一度は出家し、親からの恩に感謝し幸福を祈るというプチ出家の制度があります。一般的には三カ月ほど出家しますが、短い場合には一週間で済ませる人もいます。

もちろんすべて捨てたってまったく構わないのですが、実行するにはなかなか覚悟が要ります。だからまずはプチ出家でいいと思います。日本のようなナンチャッテ仏教国だと、一般の旅行者が宿坊に泊まって「滝行」「写経」「坐禅」の真似事をして「精進料理」を食べるプランを用意している寺院は検索すればたくさんありますし、やろうと思えば自分でもすぐにできます。

出家でなくても、とりあえず仕事をサボって、スマホを捨てて一日中瞑想していてもいい。もし会社をサボってそのままクビになるようなら、会社にとって自分は価値のない人間だったことがわかります。**自分は本来ダメな人間だったけれど、会社にいることでそれが見えなくなっていただけだった。それはクビになって初めてわかる。**

これが大切です。

「自分に価値などない」と気付くことがスタート

大抵の人間は「自分に価値がある」と思い込んでいます。書店に行ったって「あなたには価値がある」と謳う何のためにもならない自己啓発書が並んでいます。でも、少し考えてみるとわかりますが、その価値の根底にあるのは、金や地位、他者との繋がりだったりします。それがなくなったら、自分の価値自体もなくなります。そういった**「自分に価値がないとわかる地点に降りていく」**という経験が重要なんです。

イスラームではすべての価値は神に属しますから、人間に価値があるという考え方をしません。一日に五回礼拝をするといった行為によって初めて神に承認されて価値が生まれるのです。**価値に気付くためには、まず自分に価値がないことに気付かなくてはいけません。**

例えば禅宗の古刹永平寺も公式HPに、「死のうと思う日はないが　生きてゆく力がなくなることがある　そんな時お寺を訪ね、私ひとり　仏陀の前に座ってくる　力わき明日を想う心が出てくるまで　座ってくる」との詩を掲げてプチ出家を受け入れています。宿坊の広告には「大本山永平寺《だいほんざんえいへいじ》で研修を受けた〝禅コンシェルジュ〟が禅道場での体験はもちろん、柏樹関《はくじゅかん》館内で禅の世界をご案内します。体験の後は大浴場でゆったり。レストランでは、工夫を凝らした精進料理と越前の銘酒に舌鼓。禅に親しみ、越前のおもてなしに親しみ、こころを癒す体験の宿、それが永平寺 親禅の宿 柏樹関」と書かれています。

近年ではストレス社会で生きる現代人にとってプチ出家が注目されていて、多くの人々がその魅力に惹かれています、などと言われていますが、要するにナンチャッテ仏教の日本のプチ出家は、仏教の雰囲気は出していますが、自己啓発セミナーと変わりません。

だから、プチ出家がもたらす最も大きな効果は、心身のリフレッシュということになります。日常生活では仕事や家庭の悩み、人間関係などで様々なストレスが溜まるので、プチ出家を行うことで、一時的にそうしたストレスから解放され、自分と向き合い、心身のバランスを整え、寺院で修行の真似事をしてありがたい法話を聞いて、日々の生活に感謝する心や、他者への思いやりを学び、日常生活にもポジティブな影響を期待して、より充実した人生を送ろう、というわけです。

会社や家族や友人などの人間関係からしばし離れることで、会社も家族も仲良しグループも別に自分がいなくても普通に回っていくこと、自分が要らない存在であることを思い知ることがプチ出家の本当の目的でした。日本のナンチャッテ仏教のプチ出家が本来のプチ出家の目的と真逆の発想であることに気付くことからすべてが始まります。ここまで懇切丁寧《こんせつていねい》に説明しても、ピンとこない、気付けない、という人はここで本書を閉じた方がよさそうです。

HOP 7

寝よう

バカな頭で考えたって何も良いことはないし、何も解決しません。でも寝ていれば、どんなに頭の悪い人間でも間違いを起こす心配がありません。おかしな考えに取りつかれたり、人生に幻想を抱いたりすることもありません。寝ていれば疲れも取れるしストレスも溜まりませんから、落ち込んだり、疲れた〜、と思ったりした時にはとにかく寝ましょう。

そもそも朝無理して起きて、満員電車に乗って会社に行くということ自体が間違っています。本来、人間はそういったことに大丈夫なように作られていません。

教育によって満員電車に乗れる人間が作られる

他人が自分に近づくことを許せる限界の範囲、つまり心理的な縄張りのことをパーソナルスペースといいます。アメリカの文化人類学者エドワード・T・ホールの分類によると人間のパーソナルスペースは「三・五メートル以上の公衆距離」「一・二〜三・五メートルの社会距離」「四五センチ〜一・二メートルの個体距離」「〇〜四五センチの密接距離」の四つのレベルに分かれます。レベル四の密接距離はキスやハグができる距離です。この距離に入ることが許されるのは家族や恋人のような親密な人間だけで、そうでない人間がこの距離に入ってくるとはっきり不快を感じます。

人間という生き物は手が届く範囲に他人が入ってくれば不快を感じるようにできているのです。満員電車に詰め込まれるなど、本当なら殺し合いになってもおかしくない虐待です。そんな蛮行が堂々とまかり通っているのは「毎日朝早く起きて、電車に乗って会社に行く」ことが正しいと、教育によって洗脳されているからです。**今の教育は、人間を「早朝の満員電車に乗って働きに行ける」ように作り変えます。**人を何かの役に立つ奴隷、機械に作り変えるのが教育なのです。

そうやって資本主義を機能させ、維持するのに役立つ人間を作るのが近代教育の本質です。本能的には逃げたくなるような状態でも、本能を麻痺させて、「毎日時間通りに出社することが偉いんだ」とか「苦しくても頑張ればいつか報われる」とか、そういったことに価値があると刷り込むのが教育の役割になっています。

今すぐ目覚まし時計を捨てましょう。それで遅刻して上司に怒られたって、会社をクビになったって何の問題もありません。むしろ好都合です。スマホのアラーム機能も削除して、寝たいだけ寝て、起きたい時に起きる。それが大事です。

睡眠は、私たちの身体機能の維持や回復に重要な役割を果たしています。睡眠中には、身体の細胞や組織が修復され、免疫力が高まります。また、睡眠は、脳の働きにも大きな影響を与えます。そのため、十分な睡眠を確保することが、健康的な生活を送る上で必要です。とか言われますが、まぁ、机上の空論でしかありません。要は眠たい時に好きなだけ眠ればよいのです。

HOP 8

子供と遊ぼう

生きていく上で大事なのは「可愛さ」です。他人から「こいつは可愛いやつだ」と思われていれば、大抵のことは解決します。

子供と遊べば、それがよくわかります。彼らは言葉も通じませんが、それでも生きていられるのは可愛いからです。こちらの言うことは聞かないし、簡単な指示も理解できない。少し目を離すと部屋中に落書きを始めたり、食べ物をこぼしたりする。これを大人がやったら耐えられませんが、子供だったら可愛いので許されます（多少は怒られるかもしれませんが）。可愛いから周りが勝手に助けてくれます。

どんな能力よりも「可愛さ」が大事

大人でも「可愛さ」は武器になります。というより一番重要です。どんなに仕事ができたり、頭がよかったりしても、それが通用する場面は限定的です。しかし可愛さには汎用性があります。例えば、戦場でも可愛い人間は最前線に送られる確率が可愛くない人間より低いので、生き残りやすくなります。

逆に能力の高さは、可愛さにとって邪魔になることが多いです。能力が高く威張っている人間よりは、能力が低くても可愛い人間の方がいい。ですから、**周囲の人間には「自分の方が優位に立っている」と思わせるようにしましょう。**勝手に周りが助けてくれます。

ただ、可愛さというのは奥が深く、本当に可愛くなるには修行が必要です。ですので、自分には可愛さが足りないと思う人は、まずは形から入りましょう。幼児のマネだとちょっと度が過ぎるので、猫の写真をSNSにアップしたり、猫のプリントされたTシャツを着たりするのがいいかもしれません。かえってイタイ人間だと思われるかもしれませんが、万人に受ける必要はないですし、元々可愛くない人間が可愛くなろうとしているのですから、多少の無理は受け入れる必要があります。そういった健気さは時に涙を誘います。最初は気持ち悪がられても、次第にキモ可愛いに変わり、可愛い人間になっていくことができます。

あとはとにかく相手の話をちゃんと聞くことです。変に自分の言葉を挟まずに、黙って相槌《あいづち》を打って聞くことに徹しましょう。気の利いたことを言うのは難しいですが、聞くだけならすぐにできます。内容がわからなくてもニコニコ聞いていればいいのです。**相手の話を聞いていても、すぐに自分の話をしようとする人がいますが、そうい**

う人は嫌われます。相手の話をちゃんと聞いてあげれば可愛がってもらえます。本当は上の空でなんにも理解していなくても、うん、うん、と頷《うなず》いて相槌を打ってちゃんと聞いているふりさえすればいいんです。

自分が「可愛い」と思うものと遊ぼう

ちなみに子供が可愛い、と書きましたが、動物行動学者のコンラート・ローレンツは①身体に比べて頭が大きい②おでこが広くて前に突き出ている③顔の下半分に大きな目が付いているといった特徴があると、人間は生き物であってもなくてもいとおしく感じられる、という「ベビースキーマ（赤ちゃん図式）」という理論を提唱しました。この理論は、その後実験心理学で検証され、広く受け入れられています。

といっても、例外のない法則はないので、誰でも子供を可愛いと思うわけではありません。かく言う私自身、子供が嫌い、特に幼児が大嫌いで、「子供たちを責めないで」（作詞：秋元康、歌：伊武雅刀）は愛唱歌、カラオケでの持ちネタ曲です。だから子供と遊べ、と言われても子供が嫌いなら無理に子供と遊ぶ必要はありません、というかかえってストレスが溜まるだけなので、逆効果です。自分が可愛い、と思うものと遊べばいいのです。私のTwitter（中田考@HASSANKONAKATA）のＴＬには「オオサンショウウオが可愛い」「トカゲが可愛い」というツイートが溢れていますので、臨機応変に対応しましょう。

「子供と遊べ」と言うと、欧米のリベラル思想にかぶれた教育学者とかコンサルなどは、子供と一緒に遊ぶことで、お互いの信頼関係が築かれ、コミュニケーションがスムーズになり、子供は遊びを通じて社会性や協調性、問題解決能力、ルールを守ることの重要性や、相手の気持ちを考えること、困難に立ち向かう勇気といった、人間として大切な価値観やスキルを遊びを通して学ぶことができる、などと言いたがります。そして子供の創造性を刺激することができるお絵描きや工作、子供の思考力や戦略性を鍛えるのに役立つボードゲーム、チームワークや協力を学ぶことができるスポーツ、子供の想像力や言葉の理解力が向上する物語の読み聞かせ、食材や調理法について学ぶことができる料理、子供の脳を刺激し知識や推理力を向上させるクイズやパズルなどで遊べ、とか見当はずれのアドバイスをしてきます。

そんなことはどうでもいいのです。大切なのは、子供でもオオサンショウウオでもトカゲでもいいので、可愛いと思うものと一緒に楽しむことで、それで世話を焼く手間ばかりかかる役立たず、穀潰《ごくつぶ》しの子供やオオサンショウウオやトカゲと一緒にいて自分がなぜ楽しいのかを改めて考えることです。自己啓発セミナーの講師やコンサルたちが言うような金儲けやそれに役立つスキルの習得などの他の目的の手段ではない純粋な悦び、幸せとは何かを思い出し、自分がそれを人に与えることができる人間にどうすればなれるか。それが子供と遊ぶことの本当の意味なのです。

HOP 9

友達を減らそう

一般的に友達は多いほどいいとされています。しかし友達にしてもなんでも、人間関係は増えれば増えるほど面倒、厄介事が増えます。人間関係は友達も含めてできるだけ減らした方がいい。友達なんていても助けてくれるどころか、お金を無心されることの方が多いので、いない方がマシです。友達がいなければいじめられることもありません。

とはいえ、友達をはじめ人間関係は、作ろうと思ってできるというよりも自然とできていってしまうものです。なんだかよくわからないうちに「あれなんでこんなヤツと付き合っているんだろう」という人もいます。楽しければ無理して避けることもないですが、それ以外は無意味です。

完全に独りになるとそれはそれで大変なこともありますから、**本当に必要な人間関係だけを残しましょう。**それには、自ら浮きに行くことがおすすめです。学校で友達が引いてしまうようなことをあえてやる。職場で声をかけづらい雰囲気を常に纏う。そうやって普通の人間であれば声をかけないようなことをする。それでも声をかけてくるような人間がいれば応じてあげてもいいでしょう。

そもそも無理してコミュニケーションをとっても大抵はよくないことが起こります。

近頃の職場は、パワハラやセクハラに敏感で、人間関係が築きにくくなっていると言いますが、それでいいんです。「話せばわかる」なんて言って問答無用と撃ち殺された政治家もいましたが、どちらかといえば、話せば話すほど事態は悪化することの方が多い。それに元来、「話せばわかる」とか言う人は、有利な立場にいるものです。立場が上だから周りが素直に聞いてくれているだけで、本当にわかってくれている人間なんてほとんどいません。

どうしても現状を変えたいということであれば、話すのではなくとりあえず殴ってみましょう。考えるのはそれからで構いません。考えるより先に殴る。もしかしたら警察に捕まるかもしれませんが、あなたが置かれている状況はきっと変わります。結果的に人間関係も減って、生きやすくなるかもしれません。でもそこまでするほどでもなければ、何もしないで大人しくしていましょう。

本当の友達とは？

読者の中には「友達を減らそう」というタイトルを読んで驚いて、きっと別の意図があるのだろうと思うかもしれません。それで「友達を減らそう」とは、あなたの人生を豊かにし質的に向上させる一つの戦略だろうなどと勝手に解釈することになります。

一般的には、情報がたくさん入ってくるから、困った時に助けてくれるかもしれないから、楽しいからといった理由で、友達は多い方がいいと思われている。しかしすべての友人関係が必ずしもポジティブな影響を及ぼすわけではない。人間関係は相手の感情を気遣ったり、会話をする時間を作ったり、相手を理解しようと努力したり、エネルギーを使いますが、エネルギーは無限ではないので、効率化のために「友達を減らそう」と言っているのだろう、というわけです。

だから一度立ち止まって友人リストを見直して、自分を高めてくれたり楽しませてくれる人間を自分の立場を悪くさせたり時間やエネルギーを浪費させる人間から選別して人間関係の質を向上させるために友達を減らすんだろう、大切なのは自分自身にとって価値ある関係に投資するべきです、などと言い出すことになります。

しかし根本的な誤解があります。私にとって本当の友達とは自分にとって役に立ち一緒にいて楽しい人間ではありません。もちろん、友達が役に立ったり一緒にいて楽しかったりすることもあるでしょう。でもそれなら交通事故で全身麻痺で寝たきりになって言葉も不自由になったらどうでしょう。**本当の友達というのは、どんなに迷惑をかけられてもなぜか憎めない、電話に出ると面倒なことに巻き込まれるとわかっていてもつい出てしまう、他人から見ると、なんでこの人はあんなヤツと付き合っているのか、と不思議に思うような人間のことです。**

そんな友達は滅多に見つかるものではありませんし、たくさんいたのでは身が持ちません。友達は少なくていい、というのはそういうことです。

HOP 10

漁に行こう

日本は道に餓死者が転がっているほど悲惨な状態ではありませんが、今後人口が減少していくに従って、どうなるかはわかりません。世界の人口は増えているのに対して日本の人口が減っていくということは、自分たちで食べ物を確保する能力が低下するのに外から持ってくることが難しくなることを意味します。

ですので、自分で食べ物を調達する力は重要です。科学が発達したと言われる現代でも私たちが食べるもののほとんどは自然の動植物とその加工物です。純粋に化学的な人工物と言えるものは、調味料や食品添加物ぐらいです。食べ物がなければ人間は生きていけません。食べ物の調達は人間が生きる基本ですので、人類学は生活様式によって人間を、農耕民、遊牧民、狩猟採集民に大別します。

農耕は植物を育て農産物を、遊牧は家畜を育て肉や乳製品、毛皮などを収穫します。いっぽう、狩猟採集民は食べられる野生の動植物を採集します。農耕の発展によって長期間の貯蔵が可能な穀物の様々な調理法が発明されたことで富の蓄積が可能になります。実際には農耕と遊牧は補完的です。特に馬やラクダのような大型家畜を飼い馴らしたことで迅速で広範な移動力と強大な戦闘力を身につけた遊牧民は、土地を離れない農耕民の蓄積した富を他の土地に輸送して交換する遠隔地貿易にも携わることになりました。こうしてエジプト、メソポタミア、インド、中国などに農耕文明が成立し遊牧民が媒介しユーラシア世界が成立しました。

高度文明を築いた農耕民、遊牧民と違って「その日暮らし」を基本とする狩猟採集民は「文明」を持ちません。そのため一八〜一九世紀の啓蒙主義の時代の西欧人は狩猟採集民たちを遅れた「未開人」と呼んで見下し差別しました。西洋帝国主義列強が世界を植民地化し支配するようになると、近代資本主義的な土地の所有権のような概念を持たない狩猟採集民は森林や草原などの生きる場をどんどん奪われていき、現在ではオーストラリアのアボリジニー、アフリカのブッシュマン（サン）、北米のアラスカ、カナダのエスキモー（ユピク、イヌイット）、アマゾンの未接触部族などごくわずかな人々が生き残っているだけです。

本当の「ノマド」は死と隣り合わせ

農耕社会で伝統的に遊牧民はいなかった日本では、遊牧の実態が知られないままに、「遊牧」という単語は、働く場所に固定されない遊牧的なライフスタイルといったふわふわした意味でそれなりに定着しています。「遊牧的ライフスタイル」という言葉の元ネタは、一九八〇年代のニュー・アカデミズム周辺で流行った「ノマディズム（遊牧生活）」という言葉です。フランスの哲学者ジル・ドゥルーズが言い出したもので、場所や固定した制度に縛られない生き方、ぐらいの意味だと思ってください。日本ではドゥルーズたちの資本主義批判のノマド論は換骨奪胎され、自己啓発系情報商材屋たちによって「ノマドライフ」というキラキラワードに仕立て直されています。

「仕事と遊びの垣根のない、世界中どこでも収入を得られるノマドビジネスを構築し、2箇所以上を移動しながら、快適な場所で生活と仕事をすることで、クリエイティビティや効率性、思考の柔軟性が向上し、それがいいスパイラルになるライフスタイル」（本田直之『ノマドライフ　好きな場所に住んで自由に働くために、やっておくべきこと』2012年、朝日新聞出版）

こんな調子です。

「ノマド」「ノマドワーカー」といった言葉は、化けの皮がはがれて、二〇一二年をピークに使われなくなっていきますが（吉村純一「ノマド的ライフスタイル現象に関する諸説とその社会構造的な背景」『熊本学園商学論集』第22巻第2号通巻59号2018年3月75–76、84頁参照）、二〇一九年に始まったコロナ禍のせいで、また復活しています。

いかにも自分に能力があると錯覚したバカ、自分がヘビだと思い込んだミミズがひっかかって食いつきそうな言葉ですね。**バカな人間というのは、何も知らない人間ではなく、知るべきことを知らない者のことをいいます。**知るべきことを知らない人間は、どんなに勉強ができようがどんなに知識があってもバカです。喩えるなら、バカとは自分をヘビだと思い込んでいるミミズです。体格と運動能力に優れたミミズが仲間のミミズたちを見下し、自分がヘビだと勘違いしてヘビの真似をして蛙を食べようと地上に出て蛙に向かって行くと、動くものはなんでも食べる蛙にパクっと一呑みにされてお仕舞《しま》いです。自分がミミズとわかっていて大人しく土の中で泥を食べていれば平穏に一生を過ごせます。

要するに、自分の能力をちゃんと理解して、分相応に生きるのが賢い生き方です。自分が賢いと錯覚したバカな人間は、分を知ったミミズにも劣ります。教育にしても自己啓発本にしても、あなたの周りの人間にしても、多くは「あなたは本当はもっとできる。だから頑張ろう」と声をかけてくるかもしれませんが、まずは自分の能力をしっかり見極めるところから始めなくてはいけません。

資本主義がいろいろな問題を抱えているのは明らかですが、この本をお読みの皆さんがどうこうできるものではありません。実のところ本当のノマドは、ドゥルーズや日本の情報商材屋たちが言うようなキラキラしたかっこいいものではなく、苛酷な自然、社会環境の中で、厳格な掟に従い、一つの判断の誤りが死に直結するシビアな生き方です。

遊牧民、騎馬戦闘民の伝統もない農耕民上がりの軟弱な文明人に過ぎない日本人が「ノマドライフ」「ノマドワーカー」のようなキラキラワードに幻惑され情報商材屋の甘言に釣られて、転職するなどという自分がヘビだと勘違いしたミミズになってはいけません。

週末漁業から海賊を目指そう

現代の資本主義を見直しオルタナティブを探す、という意味でもおすすめは、厳しい遊牧的生活ではなく、自分で食べ物を獲ってこられるような、狩猟採集民的な生き方です。狩猟採集は、発展や蓄積を目指しません。その日に食べる分だけを獲って消費する。発展や成長に限界が見えてきている現代においては、**何か新しいものを生み出すより、すでにあるものを獲ってきたり、拾い集めたりして、それを仲間で分けるというスタイルが、生き残っていくための重要な生き方の一つ**です。

何より狩猟採集の一番のメリットは、生活周期が一年単位の農耕、遊牧と違い、基本はその日暮らしなので、大袈裟に転職など考えなくても、週末の休暇で、ナンチャッテ狩猟採集民の真似事ができるからです。

なかでもおすすめは漁労です。日本では狩猟はそもそも鉄砲や弓は言うまでもなく、罠猟すら免許を取るのも大変ですし、ふと気が向いて山に出かけて獲物に出会えるものではありません。また果物や茸や食べられる野草の採集も季節ものなのでなかなか大変です。

その点、海や川なら気が向いた時に釣り竿一本持ってフラッと出かければなにがしかは釣れるものです。釣り堀など気楽なところから始めることもできます。モリを持って鯨でも捕りに行かない限り、危険もありません。

海に行って魚を獲ってその場で食べる。それだけですぐに時間は過ぎますから、余計なことを考える暇もありません。日常生活から離れ、自然と触れ合いながらリラックスした時間を過ごすことができるでしょう。

漁は釣り竿一本あればできますが、一日やってみて気に入れば、深入りすることも可能です。釣り具には、釣り竿やリール、ルアーやエサ、釣り糸、釣り針、魚を取り込むための網などがあります。服装は天候に応じて適切なものを選び、特に足元は滑りにくい靴を履くといいです。海は気が向いた時に行っても何かは取れます。魚が釣れなくても、貝殻ぐらいは拾えます。しかし漁に適した場所や、潮の満ち引きや天候、季節、獲れやすい魚の種類などを事前に調べておくと、釣果も増えます。

何よりも海に出かけることは、海の向こうの世界に目を開くことに繋がります。何度か漁に出かけて、万が一、本当に自分がミミズでなく、ウミヘビ、それも特大のリヴァイアサンであることがわかったなら、船を手に入れて、海賊王を目指すのもいいでしょう。

STEP

STEP 1

本を読もう

私は学校が嫌いでした。勉強はそれなりに得意だったと思いますが、友達付き合いも運動も苦手でしたし、兄弟もいませんので、家では本ばかり読んで過ごしていました。

そうやって知識は本から得ていたので、学校の授業は退屈極まりなかったですし、たまに先生が間違ったことを言うので、それを指摘するとか、先生からすれば相当イヤな生徒だったと思います。実際嫌われていましたし。

本は一人で一日中楽しめるし、図書館に行けばお金をかけずに楽しめる。哲学者のプラトンも「知ることが一番の快楽である」と言っています。そのことに気付ければお金なんてなくても楽しく過ごせるんです。楽しいという感覚は人それぞれ違いますが、少なくとも読書が楽しいと思えると、一生の暇つぶしにもなりますしおすすめです。

「わからない」本を読もう

読書をすすめる人の多くは、本を読むことで知識や教養の向上が期待でき、仕事や日常生活で役立つだけでなく、人間関係を築く上でも重要な要素となる。さらに、物語の中に出てくる登場人物や状況を理解することで、自分の感性や想像力が豊かになる。時には本を通じて共感や理解が深まることで、友人や家族との会話がより豊かになるといったことを言うかもしれません。私の場合読書によって人間関係が良くなったということはありませんから、自分が楽しければそれでいいのです。むしろ読書を「何かの役に立てよう」と思う発想自体がつまらない。

しかし、読書をしようと思い立っただけでも、YouTubeやTikTokしか観れない人よりはマシかもしれません。人間は基本的に今自分が置かれている枠組みの中でしか物事を考えられません。その枠組み、システムともいいますが、そういったものを批判的に見るには、知的な訓練を受け、抽象的な思考をする必要があり、それを打開するための最善の方法が読書なのです。単純に楽しいということの他に本を読む理由があるとすれば、こうした思考を手に入れるためです。とはいえ、そのためには「自分が読んでわかる」本を読むのではなく、世界は複雑である、ということを学べる本を読む必要があります。

ちょうど、内田樹（@levinassien）先生が、二〇二三年六月八日付のTwitterで《図書館の人たちの集まりでの講演のために大阪に向けて出動。「図書館の効用は目に見える数値で考量することはできません」という話をします。本を読むことの最大の喜びは「今、ここで支配的な価値観」を一時的に（場合によると永遠に）無効にすることなんですから》《「この本読むとどういういいことがありますか？」というタイプの質問には「君が自明だと思っている『いいこと』の定義が揺らぐことかな」とお答えするのがよろしいのでは》とツイートしています。

今の世の中には、**「自分の頭で考えろ」とバカを唆《そそのか》すバカが溢れています。**本人たちは自分で考えて古い考えに染まった頭の固いバカたちが思いつかない目新しいことを言ったつもりでいるのでしょうが、バカの思いつくことなど、とっくの昔に誰かが言っている陳腐な戯言《たわごと》に過ぎません。既に二千五百年ほど前の中国の古典『論語』にも「学《まな》びて思はざれば則ち罔《くら》し。思ひて学ばざれば則ち殆《あやう》し」と書かれています。他人から教わるばかりで、自分で考えないと判断力が養われない。自分で考えてばかりで人から学ばないと、視野が狭く考えが偏るので危険このうえない、ぐらいの意味です。自分の頭で考えろ、などと言うバカは昔から世に溢れています。

バカにバカと言っても無駄です。「神聖なものを犬に与えてはならず、また、真珠を豚に投げてはならない。それを足で踏みにじり、向き直ってあなたがたにかみついてくるだろう」（『新約聖書』マタイによる福音書7章6節）です。見ないふりをしてそっと通り過ぎるのが無難です。

ともかくも私の本を手に取ってくださった読者の方は「自分の頭で考える系」のバカではなく、本を読んで学ぼうという気があるわけですから、どんどん読んでほしいと思います。まぁ、内田樹先生のおっしゃる通り、読書の本当の「効用」は、**自分が常識だと思っていた常識を相対化し、それまでの価値観を壊され、バージョンアップすること**ですから、私の本を読んで、「うんうんその通り」「私が考えていた通りだ」と思ってすらすらと楽しく読み進めるようなら、あまり読む意味がないとも言えます。でも読書はそもそも効用を求めて読むものではなく、それ自体が喜びであることを知ってもらうのがこの節の目的ですから、自分と同じ価値観を読書で確認して嬉しくなれるならそれはそれでよいでしょう。まぁ、**共感六割、反感二割、わからない二割**ぐらいがベストな気もしますが、なかなかそう都合よくいくものではありません。

理解しなければいけないことを理解する

ともあれ物質的、現世的な幸せがなくても、学問はそれ自体が楽しいものであり、学ぶ喜び、真理と共にある至福感さえあれば、どんな不幸も感じない、というぐらいの楽しさの感覚を、若い人には身につけてほしいと思っています。ただし、少し読書したからといって、これらのことをすぐには理解できないでしょう。しかし、**「自分には理解できないとしても理解しなければいけないということを理解すること」**が大事なのです。

読書術とかのたぐいの本には、読書の進捗状況を記録することで、達成感を得られるだけでなく、自分の読書スピードや理解度を把握することができるとか、時には新しいジャンルや意外な選書に挑戦することが大切であるといったことが書かれていたり、最近では速読の技術を習得することで、短時間で多くの情報を吸収することが可能になるなどと言われていたりしますが、これも無駄なものをあたかも価値あるものと錯覚させ、どんどん売りつけていかないと成り立たない資本主義というシステムが生んだ現代病のようなものです。

こういった主張はすべて、いかに短時間で書かれている内容を理解し、自身の生活に役立てるかという視点からの物言いであり、「自分には理解できないとしても理解しなければいけないということを理解すること」という読書の本来の意味を忘れてしまった愚かな行為です。そんな読書をするくらいなら、何もしない方がマシです。すぐにでも本を閉じてしまいましょう。

STEP 2

漫画を読もう

「ＳＴＥＰ②本を読もう」でも書きましたが、読書ができない人は思ったより多いものです。本書を読んでくれている皆さんはそれなりに読書が好きなのだと思いますが、それでも自分で読んで意味がわかる本しか読まない人がほとんどでしょう。そういう読書が苦手な人は、漫画を読むといいです。

私はいろいろなところで**「実現できなそうな夢を持とう」**と言っています。目標や夢というのは、**「もしかしたら実現するかもしれない」という風に中途半端に思うから不安になる**のです。最初から達成不可能だと思っていれば、不安になることもありません。

私はイスラーム教徒ですが、堕落しきった今のイスラーム教徒たちと一緒にされるのが嫌で仕方ありません。私が良いイスラーム教徒だというわけではありません。私のようないい加減で浅学非才なイスラーム教徒から見ても、今のイスラーム教徒たちは見過ごせないほど明らかな腐敗、堕落、欺瞞の汚泥《おでい》の中に沈んでいるということです。

というのは、イスラーム教徒にとって一番大切な義務は、民族や言語に関係なくすべてのイスラーム教徒が預言者ムハンマドの後継者である政治的指導者カリフの下に纏まってイスラーム法に則って暮らすことだからです。そうした政体をカリフ制といいます。ところが今の自称ムスリムたちはその最も大切な義務から目を逸らせ、西洋帝国主義列強が作った国境ごとに別々の国に分かれ、イスラーム法ではなく、旧宗主国に押し付けられた法律に従って生きています。

この恥ずべき状態を改め、イスラーム教徒の最も大切な義務であるカリフ制を再興することが私の夢です。カリフ制の再興は、人類と大地を分断し人間が人間を支配する西洋の領域国民国家という人道に反する邪悪なシステムからイスラーム世界を解放することです。私はもう還暦も過ぎているので、カリフ制再興を自らの手で実現することができないことは知っています。最初から自分にはできないとわかっているから不安になることもありません。

「世界征服」のために漫画を読む

『キングダム』（原泰久、集英社）という漫画を読んだことはあるでしょうか。紀元前二五九〜紀元前二一〇年の中国を舞台にした話で、後に始皇帝となる秦国の王・嬴政《えいせい》が中華を統一する過程を描いた戦乱ものの漫画です。山﨑賢人さん主演で映画化もされています。主人公の信が言います。「境があるから内と外ができ敵ができる。国境があるから国々ができ戦いつづける。だからあいつは国を一つにまとめるんだ。そして俺はその金剛の剣だ」

私の夢は自分がカリフになることではありません。カリフを目指す嬴政を助けるカリフ制再興のための道具、金剛の剣になれればよいのです。

『キングダム』は国境をなくして国々を一つにする「平天下《へいてんか》」というまさにカリフ制再興の物語ですが、秦の歴史を見るとわかる通り、その方法はまだ書かれていないものの、法家の説による統治です。中国の歴史の中で、結局秦は天下を統一しましたが、すぐに滅びてしまい、中国では儒家の思想が支配的になります。ちょうど、漫画『キングダム』では七五九話で韓非子が登場したばかりですので、『キングダム』の法家解釈はまだよくわかりませんが、一言で言えば人定法、人間が定めた法です。結局、秦は、西洋帝国主義列強と同じく人間が定めた不完全で不正な法によって人を治めようとしたので嬴政が死ぬと間もなく瓦解します。

人類の解放が国境の廃絶にあること、しかしせっかく国境を排して国々を滅ぼしても、神の法でなく、人間の作った法で人間を支配しようとする限り、成功しない。そこまで含めて、カリフ制再興マンガなんです、『キングダム』は。

実はコーランや法学書にはカリフ制再興に繋がるような具体的なヒントは書かれていないんです。現代の漫画にはそこに通じるヒントが描かれていたりしますから、私はすべての漫画を「カリフ制再興」に紐付けて読んでいます。

この辺の話は私の『13歳からの世界征服』（百万年書房、2019年）に詳しく書きましたが、『キングダム』のテーマは「世界征服」と言えます。皆さんもつまらない夢や目標などを持つことをやめて、**「世界征服」を目標に掲げて生きてみてはどうでしょうか**。漫画とかアニメでもいいですが、多くの人が親しむエンターテインメントは、「世界征服」くらい荒唐無稽に見えるテーマを掲げたものの方がいいんです。中途半端に実現しそうな、リアリティのあるような夢や目標をテーマにしたものは、読んでいる人間が勘違いしてしまうのでダメです。そういうテーマの漫画やアニメは、皆が潜在的に持っている肥大化した自我を刺激するような話になっていて、もちろんそれができる人もいるでしょうが、できない人の方が圧倒的に多いので悪影響の方が大きいのです。

私が好きな世界征服ものは『キングダム』の他に『科学忍者隊ガッチャマン』『秘密

結社　鷹の爪』『コードギアス（シリーズ）』『暗殺教室』などで、未読・未視聴の方はこの辺から始めてみることをすすめます。

目標や夢というのは、人と違えば違うだけいい。悩みというのは、大抵他人との比較から生まれます。私は昔から人と望み自体が違ったので、あまり人を妬みようがないところがありました。特に今はカリフ制再興以外に興味がなく、カリフ制に成功している人は誰もいないので、妬む対象がいません。皆さんも**すべての行動を世界征服に紐付けて考えると、日々の小さな悩みなんてどうでもよくなります。**

MangaとAnimeに通じた教養人になろう

漫画でもアニメでも韓国ドラマでもなんでもいいのですが、シリーズものの作品を読んだり観たりすることは、それだけで楽しく時間を潰せます。最近はNetflixをはじめ、動画サービスが乱立して各社生き残りをかけて争っていますから、良い作品がいつでもどこでもお金をかけずに安く観られる時代です。本当に良い時代です。

それに、漫画を読んだりアニメを観たりして豊富な物語や人物に触れることができ、その中から私たちは多くのことを学ぶことができます。彼らの物語は、私たちの心を動かし、視野を広げ、思考を刺激し、時には人生を見直すきっかけになる、なんてことを言う人もいるかもしれませんが、そんなことはどうでもよく、すべては世界征服のために読んだり観たりするのです。

言うまでもありませんが、漫画やアニメは物語を視覚的に伝えてくれます。文字だとどうしたって思考力を要しますが、漫画やアニメ、ドラマにはそれが必要ありません。文字だけでは表現しきれない、細かな感情や情景、人物の表情や風景の描写、アクションの一部始終など、視覚的な要素を駆使して描いてくれるので、簡単に物語の世界に感情移入することができます。

坂道を転げ落ちるように衰退していく日本が誇れるものとして、もうほとんど漫画やアニメしか残っていません。漫画やアニメを読んだり観たりしまくってオタク道を究めれば、自民党や維新などのバカ政治家どものせいで国家としての日本が滅びて、中国、ロシア、(統一)朝鮮、アメリカ、インドネシアなどによって分割され、マイノリティとして生きることになっても、世界の共通教養となったMangaとAnimeに通じた教養人として尊敬を集めて生きることができます。そうなれば、「天下を取った」と胸をはることもできる。とかそんな目標を掲げて死ぬまで漫画とアニメを読んだり観たりし続けるのもいいでしょう。「世界征服」視点で漫画を読んだりアニメを観たりすることで、漫画やアニメは単なる娯楽以上の存在となります。これほど良いことはありません。

STEP 3

推しを持とう

イスラームは、**お金を稼ぐのは良いことだけど貯めておくのはダメ。稼いだら使え。貸す場合は返ってくると思うな、**という文化です。日本でも貸す時はあげるつもりで貸せって言うと思いますけど、イスラームでもそうです。さらに言うなら、お金がなければ返済期限が過ぎても返さなくていいんです。元々そういう考えだから。返ってこなくてよくよすることもない。そういった気前の良さはイスラームの美徳の一つです。たとえ自分にお金がなくても、自分より貧しい人がいれば条件反射的にお金を与える。だから道端で物乞いしている人とかにも反射的にお金を分け与える。それが普通なんです。

エジプトにいた時、住んでいたアパートにバクリーという住み込みの門番がいました。バクリーはしょっちゅう私にお金をくれとか、時計をくれとかモノをせびってきました。私もその度にお金だったりモノだったりをあげていたんですが、ある時ちょうど持ち合わせがなくなってしまったことがありました。「今お金がないんだ」と正直に言うと、彼は「大丈夫か」と心配して逆に私にお金をくれようとしました。持っている者が持っていない者に与えるというのは、イスラームではそれくらい当たり前のことなんです。

そもそもお金なんて持っていたところで何も良いことはありません。持っているから無心されるし、持っていなければ誰も「金をくれ」なんて寄って来ませんから。日本ではなかなか現金を人に渡す機会はありません。私も日本のように衣食住に本当に困っている者がほとんどおらず、金をもらうと酒やたばこのような嗜好品やパチンコなどの遊興に浪費してしまう人が多い国では、現金をせびられたら現物で支給する方がいいと思っています。また慈善で貧しい人にはお金を渡すのは当たり前だという文化がない日本だと、どうしてもそこに「偽善ではないか？」という心理が働いてしまって、赤の他人に自然に自分のものを与えるのは実際にはなかなか難しいです。

ですから〝推し〟を見つけて、〝推し〟に貢《みつ》ぐところから始めてみましょう。

有り金は全部〝推し〟に使ってしまおう

〝推し〟とは、自分が特に愛し時間やお金や労力を使って応援する人間やキャラクターのことを指します。〝推し〟なんて言葉初めて聞いた、という方はとりあえず『推しが武道館に行ってくれたら死ぬ』（平尾アウリ、徳間書店）というアニメを観るか、その原作のマンガを読んでみてください。主人公の「えりぴよ」は七人組の地下アイドルCham Jamのメンバーの一人、市井舞菜の〝推し活〟の活動費のために私服を売り払っていつも赤いジャージを着ています。〝推し〟のために、時間もエネルギーもお金もできる限り使うのが〝推し活〟の心意気です。

「〝推し活〟？　バカなの？」と思うかもしれません。そう思うのも無理もない気もしますが、他人に尽くす博愛、慈善、献身の心を学ぶ修行だと考えると、なんだか有難く感じてきませんか。実は「アイドル」という言葉はもともと「偶像」という意味です。また〝推し〟のもともとの意味は推薦で、他人にもすすめることですが、〝推し活〟では「布教」と呼ばれます。**〝推し活〟とは実は宗教的行為、修行なのです。**

〝推し活〟の宗教性は、似たような別の行為と比べるとよくわかります。〝推し活〟では地下アイドルのライブに必ず顔を出し、チェキ券を買って握手を求めたりするので、付きまといい、ストーカーに似ている面もありますが、ストーカーが付きまといにお金をいくら使っても相手には何の利益もなくただ気味が悪い思いをさせるだけであるのに対して、〝推し活〟の場合、相手の収入になって喜ばれます。相手にお金が入る、という意味ではホストやキャバ嬢にはまるのにも似ています。しかしホストクラブや、キャバクラの場合、自分だけが愛されているという幻想、見返りを求めますが、〝推し活〟ではせいぜい握手して写真を一緒にとってもらうぐらいで、原則的に見返りなしに一方的に愛を捧げます。それにホストクラブやキャバクラと違い、〝推し活〟は相手を独占しようとせず、むしろその素晴らしさを布教します。〝推し〟も防弾少年団（BTS）の「アーミー」クラスになると世界を変えるぐらいの力を持ちます。

精神分析で、リビドーという動物的、本能的な生＝性のエネルギーを制御することで芸術、宗教、哲学などの文化に作り変えることを「昇華（sublimierung）」と呼びます。〝推し活〟で見返りを求めない一方的献身と〝推し〟を絶対的に肯定し人々に夢と理想を広める心を学び、それを普遍的人類愛、創造主への帰依にまで昇華することができれば、それは素晴らしいですが、そこまで求めることはありません。

自分が推している（応援している）アイドルでも俳優でもアニメのキャラクターでもVチューバーでも、なんでもいいですが、**見返りを求めず自分の時間やお金を〝推し〟と呼ばれる対象につぎ込むというのは、それだけでも一番良い時間やお金の使い方**ということができます。

〝推し〟を持つことの楽しみは、その人やキャラクターの成長や活躍を追いかけることができる点にあります。彼らが目標に向かって努力し、時には苦境に立ち向かう姿を見ることで、私たち自身も勇気や希望を得ることができます。また、〝推し〟の活躍によって感動や喜びを共有することで、この無意味な人生に少しは張り合いが生まれます。

加えて、〝推し〟を持つことで、同じ〝推し〟を持つ仲間との交流が広がります。SNSやファンクラブ、イベントなどを通じて、〝推し〟が同じである仲間たちと出会い、情報や感想を共有することができます。こうした交流を通じて、新しい友達や仲間を見つけることも可能ですが、無理に人間関係を広げる必要はありませんので、それで〝推し活〟がさらに楽しくなる人はそうすればいいのです。

〝推し〟の見つけ方

今〝推し〟がいる人はいいですが、いない人はどのようにして自分の〝推し〟を見つけるのでしょうか。まず、自分の趣味や興味に合わせて、様々な分野の人物やキャラクターをチェックしましょう。音楽、映画、アニメ、スポーツなど、幅広いジャンンルから自分にとって魅力的な存在を見つけ出すことが大切です。その際、直感や感性を大切にし、自然と心惹かれる人やキャラクターに目を向けてください。

ちなみに今の私の〝推し〟は「ひらきよ」です。「ひらきよ」とは、ドラマ『美しい彼』の主人公の平良一成と清居奏のペアのことです。私はいつもPC画面の右側でTVerを使ってドラマを観ながら左側でSNSや本や論文の執筆をしているので日本のドラマはほぼすべて観ています（バラエティー番組は一切観ませんし、アニメもあまり観ません）。『美しい彼』はたまたまTVerで一回観てはまって、原作の小説、コミック版、DVDを全部買い、映画『劇場版　美しい彼～eternal～』も観に行きました。私はドラマ版は執筆のBGMにして百回ぐらいは繰り返し観ていますが、お金も時間も体力もないので映画は三回観に行っただけですので、映画二〇回観た、などという沼女子たちとは比べ物になりません。でもTwitterでも「布教」していますので、この機会に、ここでも布教させてもらいましょう。

二〇二三年二月二日には以下のようにツイートしています。

《「ひどく痛い。切れ味のいい刃物を素手でにぎりしめているみたいだ。なのに清居の口からこぼれた言葉だから手放せない。それが花でも毒でも刃物でも、清居からもらったものは抱きしめるしかない」『美しい彼』（凪良ゆう）　これがイスラームなんだよなぁ》

実はこの『美しい彼』自体、〝推し〟をテーマにしているのです。平良は高校の同級生だった時に清居から「きもい」「うざい」「ストーカー」と言われながらも「自分は、敬虔な神父や尼僧のように清居に一生を捧げたい」と言い、ひたすら清居を崇めています。そして高校を卒業して清居が役者になると平良は清居〝推し〟の女子のファンの界隈では「不審くん」と呼ばれながらも〝推し活〟を続け、清居と恋人になってからもずっと何の見返りも求めずキングである清居に仕え続けます。『美しい彼』は究極の〝推し活〟ドラマなのです。

〝推し〟を見つけたら、応援の仕方も工夫しましょう。公式グッズやCD、DVDの購入、コンサートやイベントへの参加、SNSでの応援メッセージなど、様々な方法で〝推し〟をサポートすることができます。ただしメッセージは相手の負担にならないようにしましょう。たまに〝推し〟にこれだけつぎ込んだんだから特別扱いしてほしいという人がいますが、これは救えないバカです。見返りを求めた時点でそれは〝推し活〟とは呼べません。

二〇二二年四月一三日のツイートでは、『美しい彼』の「ひらきよ」推しを熱く語った私のYouTubeのチャンネルを紹介し、《まぁ、いろいろ理屈はつけましたが、観て、もう暫く生きて人類をリヴァイアサンとマモンの支配から解放するために世界征服に励もう、との気力が湧くなら良い作品だということです😊》とツイートしています。〝推し活〟は苦しい現実に耐える慰めになり、目標に向かって生きる力を与えられることもないわけではありません。

〝推し〟を持つことで、自分自身の成長にも繋がります。〝推し〟の努力や成功を見て学ぶことで、自分の人生にも前向きな影響を与えることができます。また、〝推し〟の失敗や苦悩に共感し、彼らが立ち直る姿を見ることで、自分自身も困難に立ち向かう勇気や根気を身につけることができ、さらに〝推し〟の作品や活動を通じて、新しいアイデアや考え方、価値観に触れることができ、その結果、自分の視野が広がり、人生が豊かになるというもっともらしい意見もあります。しかしこれは使ったお金に価値を感じたい、大金を使うのにそれなりの理由がほしいという、卑しい性根からきている不純な主張です。〝推し〟の成功に喜びを感じることはもちろんあるでしょうが、**だからといって自分の人生がそれで良くなるなんてことはありません。**カリフ制再興のようなこの世を超えた大望でも抱いていない限り、不純な意図は、一途さが命の〝推し活〟をダメにします。二兎を追う者は一兎をも得ず、です。あなたはただ楽しむために時間とお金を〝推し〟につぎ込んでいる。それだけですし、それでいいのです。余計なことを考えて楽しみを減らすことほどバカなことはありません。

STEP 4

お金は貯めるな

イスラーム法には利子の禁止という規定があります。日本では貯蓄や、最近では少額から投資して将来の資金を確保するといった考え方が浸透しているようです。卑しい上に愚かな考え方です。**持てる者が貯蓄をしてお金を溜め込んでしまったら、必要なところにお金が行き渡らず、持たない人や貧しい人は困ってしまいます。**そもそも金なんてただの紙切れ、あるいはコンピューターの中の電子信号の点滅に過ぎません。天変地異があれば、一瞬にして何の価値もなくなる幻想です。そして死んだ時にどんなにたくさんお金を抱えていても何の意味もありません。

お金自体に価値などない

イスラームは「本当の自分の財産とは使ってしまったもの、残して持っているものは、やがて相続人のものになるだけ」と教えています。お金をはじめ、財産なんて残したって仕方ありません。**いつ訪れるかわからない「死」を意識しながら、「今」のために使うのが正しいです。**

思想家の内田樹先生は「貧しい人こそ与えるべきだ」とよくおっしゃるんです。「何かが欲しい時には与えることによってしかもらえない」と。一見あなたはお金持ちだからそんなことを言えるんだ、綺麗事ではないのかとも思えるのですが、私もこれは本当だと思います。貯蓄の話にしても一〇〇万円、二〇〇万円、一〇〇〇万円貯めていたとしても、その程度の貯金があったところで職を失ってしまえば数年も持たないで終わりです。

もちろんその人たちはまだ数十年生きようと思っているから「将来の不安」なんてものを持ってしまって、そういうことをしていると思うのですが、それってまったく意味がない。その程度の金額なら使ってしまった方がいいんです。例えば人に貸すとかあげることで、回り回って自分に返ってくる。貧しい人こそそういうことをすべきです。そういう意味でも投資すること、**この投資はお金ではなくて人やモノに投資するということがますます大事になってきます**よね。これはかなり現実的なアドバイスです。

「アッラーは利子を消し、サダカ（喜捨）は増し給う。」（コーラン2章276節）

これはコーランの一節ですが、ここの「サダカ（喜捨）は増し給う」との聖句について、コーランの古典釈義書は「喜捨をすることで財産が減ることは決してない」とのハディース（預言者ムハンマドの言葉）によって解説しており、それもこのことを指しています。

お金には価値はありません、と言うと、資本主義に洗脳された読者の皆さんはびっくりするかもしれません。それが洗脳の恐ろしさです。洗脳されると当たり前の目の前の事実さえ見えなくなります。

洗脳が解ければお金はただの紙切れです。変な模様や数字が書かれているので、メモ用紙にもなりません。一万円札の原価はたったの一七円です。洗脳によってまだ目が曇らされていない幼子なら、一万円札とケーキのどちらが欲しい？と聞かれたら迷わずケーキを選ぶでしょう。お金になど価値はない、というのは反語でも誇張でもない端的な事実なのです。

本当に必要なものは何?

本当はお金には価値などなくても、洗脳されてみんながそう信じると、お金は力を持って信ずる者を支配するようになる。それが偶像です。聖書では、お金は、銭神「マモン」と呼ばれます。

お金は本当は価値がないのにあたかも価値あるものであるかのように人を欺き、真実から目を逸らせます。**本当に価値あるものはお金ではなく、そのためにお金を払うものです。**衣食住、本当に大切なのはお金ではなく、お金を払う食べるもの、飲むもの、着るもの、住むところです。砂漠で迷子になった時、海で漂流した時、ペットボトル一本の水はプライスレス、一億円のお金より貴重です。だからお金がなくなってみると本当に必要なものが何かわかります。

そう考えると、持っているお金というのは要らないお金だということがわかります。必要なもの、本当に欲しいものがあれば、そのお金は使っているはずですから。だから貯めているお金は本当は要らないものなのです。もう少しおだやかな言い方をすれば不要不急のお金です。一方でそのお金さえあれば必要なもの、なくて困っていたものが手に入る人もいます。そうであれば要らないお金をそれがなくて困っている人に回すのが合理的というものです。

本来、お金というのはそのためにあります。

困っている人が必要としているものは人によって違います。お腹が空いていてオニギリが欲しい人もいれば、寒くて暖かい服が必要な人、病気で薬が必要な人もいるでしょう。たまたま飢えてオニギリを食べたい人の前に、食べたくもないオニギリを持っている人がいるなんてことは滅多にありません。だから何でも欲しいものに変えることができるお金が発明されたのです。実用性がなく使用価値のない貨幣の交換価値と言われるものです。

しかし空想の人間の欲望を掻き立てる資本主義が発達すると現実の使用価値が忘れられて、幻想の交換価値が肥大化していきます。紙幣さえ脇役になり、お金の主役が電子信号になった二一世紀においては特にそうです。一兆円持っていることと九九九九億円持っていることには実際には何の違いもありません。どちらも使いもしない無駄金を数え切れないほど抱えているバカでしかありません。

本当は美味しい一杯の水を飲んだ時には、一億円をもらった時よりも嬉しくて当然なのです。しかし資本主義に洗脳された私たちは、大金をもらえば喜びますが、安い物だとどんなに大切なものでも手に入るのが当たり前だと思って感動することができなくなっています。

二〇〇七年七月一〇日に北九州市の独り暮らしの男性が「オニギリ食いたい」と遺書を残して自宅で亡くなっているのが発見された事件がありました。お金がなくなると本当に欲しいものはお金ではなくオニギリであることに気付きます。「HOP③仕事をやめよう」でも述べたように、それでも洗脳は完全には解けず、コンビニに行けばオニギリが食べ放題だということには頭が回らなかったために哀れにも餓死することになったのです。本当に必要な人に必要なものを届けるのは実は簡単ではありません。そのためには普段から誰か困った人たちがいないか、気にかけている必要があります。人間は基本的には同じような生活レベルの人間と付き合うものです。**困った人たちに必要なものを届けるには、普段から困った人たちのことを気にかけていなければなりません。**それには困った人たちのことを知っており、困った人たちを助けている人たちを知っている必要があります。

そうでないと、困っているふりをしている詐欺師たち、困っている人を食い物にする詐欺師たちに浄財をだまし取られて終わりです。

前者の好例が日本で難民のふりをするクルド人、アフガニスタン人たち、後者の例はＵＮＨＣＲ（国連難民高等弁務官事務所）です。もちろん本当に助けを必要としているクルド人、アフガニスタン人たちはたくさんいますし、彼らを助けている人たちもたくさんいます。しかしそれを知るには普段からクルディスタン情勢、アフガニスタン情勢をフォローしていないといけません。

クルド人やアフガニスタン人は極端な例です。日本国内でも同じで普段から困った人たちへの喜捨を心がけていないと貧困ビジネスに巻き込まれて終わりです。だから本当にお金を困った人に回そうとするなら、必要なことのために活発にお金が動いているコミュニティに入ることが必須なのです。そしてもし将来に不安があるなら要りもしないお金など貯めるより、できるだけ多くのお金を寄付するためにそういうコミュニティに繋がることです。

カネでカネを買い、カネを生ませる商法

「お金は貯めるな」は個人の問題としても真理ですが、日本の場合は、むしろマクロな社会、国家のレベルでの問題の方が深刻です。日本経済は坂道を転がり落ちるように劣化していますが、それもお金を必要なところに回さないからです。一見、逆のように見えるかもしれません。二〇二二年から高校の家庭科で株式や投資信託など金融商品の買い方を教える財テク教育が始まりました。財テクは確かにお金を回していますが、それは「カネは天下のまわりもの」というお金の本当の機能としての交換、流通とは真逆の動きです。**今の日本が目指しているのは、困っている人、本当に必要としている人にお金を回すのではなく、逆にカネが余っていてカネが儲かりそうなところにカネを回すことです。**人間が人間と関わりモノを作り消費する現場ではなく、収益表の数字だけ見て値上がりしそうなところにカネを出す。カネでカネを買い、カネを生ませる商法です。

これはモノを余っているところから必要としているところに回すのではなく、カネだけが「空回り」して「あぶく（バブル）銭」を生むバブル経済です。このような財テ

クでは短期的にカネが儲かる企業に回ります。そして、短期的にカネを儲ける一番安易で手っ取り早い方法は、時間もかかり結果も不透明な発明への投資ではなく、支出を減らすことで、リストラや賃金カットによって人件費を減らすことです。それが日本が一九九〇年代のバブル崩壊からずっとやってきたことです。その結果、大企業や一部のベンチャー企業の資産だけがどんどん膨らみ、労働者の賃金はどんどん下がっていきました。ところがそうして労働者を切り捨てた結果、貧しくなった労働者たちの購買力がどんどん下がっていったために、日本の経済発展を支えた中流階級による内需がやせ細り、薄利多売によるデフレが定着し、賃金低下と価格低下の負のスパイラルが生じ、今日の工業の技術力と貿易における国際的な競争力の低下をもたらしたのです。これは古典的なマルクス主義の理論で説明がつく資本主義の窮乏化です。

旅行や趣味にお金を使うことで人生に潤いをもたらし、より充実した人生を送る、お金を使って家事代行サービスを利用したりして時間を節約し有効活用する、友人や家族との食事や旅行にお金を使うことで人間関係を深める、海外旅行などにお金を使って異文化や異なる価値観に触れ視野を広げ自己成長の機会を増やす、適度にお金を使って気晴らしをし、お金に対するストレスを減らし心身の健康を維持する、といった情報商材を売りつける自己啓発セミナー屋たちが言うような、毒にも薬にもならないアドバイスとは違い、「お金は貯めるな」というのは、こういう意味なのです。

STEP 5

お金なんてあげてしまおう

お金は貯めるな。稼ぐことはいいが貯めるのはダメ。有り金はどんどん使う。そして一番いいのは、「STEP③推しを持とう」にも書きましたが、見返りを求めずにそれを必要としている人や困っている誰かにどんどんあげてしまうことです。

騙されたって問題ない

つい先日、アフガニスタンで仲良くしていた人から「コーランの学校を始めたんだけどお金がなくて困っているからなんとかしてくれ」とメールが来たのでちょっとだけ寄付したり、Twitterでも寄付を募って送ってあげたりしました。アフガニスタンへは送金するだけでも大変なので、日本にいるその人の友人という人の口座に振り込んだのですが、基本的にはそれっきりでその後お金がちゃんと使われたのか、学校がどうなったかなんて聞きもしません。ただ今回は他人から預かったお金を渡したりもしたので、活動しているなら写真でも送ってくれとメールしました。でもそれきりその人は何も言ってきません。メールのやり取りだけなので、本当にアフガニスタンにいるかどうかもわからない。無責任なようですけど、そこから先は彼の話なのでそれ以上のことはしない。そういうものです。

私が知っている人間で、その人が何かで困っていて助けを求めてきたらできる範囲で助けられれば助けます。本当はお金よりも現物支給の方がいいのですが、先ほどの話でいえば、アフガニスタンに現物は送れないですから、お金を寄付したということです。

こういう話をすると、騙《だま》されたらどうするんですか？とも聞かれますが、**結局騙されてもそれはそれで、自分を騙した人を裁くのは神の責任だから、どうでもいい、ということで調べもしません。調べるのも時間がかかるし、そういう意味では効率的です。**知っている人で困っている人がいたらできる範囲で助ける。ただ、そもそも大金は持っていないので出せませんから騙されてもたかがしれています。

また、お金を他人に分け与えるという行為が、実は自分自身にも多くの利益をもたらすとか回り回って返ってくる。お金を使って他人を助けたり、喜ばせたりすることが、自分自身の人生を豊かにする、なんて考え方をしている人もいますが間違っています。基本的にあげたんだから、そのお金がなくなって終わりです。感謝はされるかもしれませんが、見返りを期待している時点で間違っているのです。

持てる者の義務と責任

結局は、お金なんて持っていなければ「貸してくれ」とか「恵んでくれ」とか言われないし、羨ましがられることもありませんから、持っていない方がいいんです。持っていて良いことなんてあんまりありません。だから本当は自分がもらいもしないしあげもしないっていうのが一番いい。これは非常に論理的な考え方です。

イスラームの場合、**お金や知識や地位のような、広い意味での力を持つ人は、その力に応じて義務が増えていきます。力がある人には助ける義務が生じるのです。**ただ無制限の義務ではなく、「ザカート（浄財、喜捨）」といって自分の持っている資産の二・五％を納めていればＯＫとイスラーム法では定められています。義務は二・五％だけでそこから先は本人の気持ち次第です。

人気漫画『鬼滅の刃』（吾峠呼世晴、集英社）にも「弱き人を助けることは強く生まれた者の責務です。責任を持って果たさなければならない使命なのです。決して忘れることなきように」という台詞が出てきますが、持てる者には持たざる者を助ける義務が生じるというのは、イスラームではある意味当たり前とされる考え方です。

STEP 6

資格を取ろう

イスラームでは人間は皆平等であるという考え方をしません。**人間が平等なのは人間性においてだけであって、それ以外で差別・区別があるのは当然です。**違う者を同じに扱うのは間違いです。障害者雇用といった風に、健常者とは分けて雇用する制度もあるように、同じに扱えない者は別々に扱うというのは当たり前のことです。

そもそもの話ですが、イスラームではすべては神様のものであると考えます。例えば「私の手」とか「私の足」とか皆さんは言うと思いますが、これらはすべて神様が作ったものであり、神様からもらったものと考えるのが基本です。だから私に手があるのも神様が決めたことで、仮に生まれながらにして手がなかったらそれは神様が決めたことです。当然障害があったり、貧しい生活を送っていたりしても、それも神様が決めたことなので、その事実を特に恥じるようなことはしません。それは能力であっても同じです。能力の高い人ができない人よりも成果を出すのは当たり前で、仕事であればできる人ができない人より多くの仕事をします。お金を持っている人が持っていない人に分け与えます。ヨーロッパにも「ノブレス・オブリージュ」という貴族が重い義務を負うとの考え方があります。イスラームでは強い者が弱い者を助ける、という考え方が身体化されています。

エジプトでは人々が路上にいる物乞いに条件反射的にお金を分け与えるのも、こういった文明の力なのだと思います。

ですから、日本のように社会保障制度があるなら、**障害がある場合には堂々と障害者手帳を取ればよく、貧しいなら堂々と生活保護を受給すればいい**。日本では障害年金、生活保護が制度化されていますから、それを取れる資格、障害という資格、貧しいという資格は、くだらない変な金儲けのために作られたなんの役にも立たない資格を取るよりよっぽど便利です。

貧しいなら生活保護を受給することによって、生活費や医療費、住居費など、基本的な生活ができるようになりますし、障害年金は、障害によって働くことができない人や働く能力が低下した人に対して、一定の収入を保障する制度で、これを取得すれば障害を抱えた人でも安定した生活が送れるようになります。

また、お金にしてもそうですが、イスラームでは〝持つ者〟の責任が重くなります。貧しい人より裕福な人の責任は重く、仕事であれば仕事ができる人はできない人より責任が重くなります。能力にしても神から与えられたものであって、その人のものではないと考えます。あなたに障害がある、お金がない、能力がない、これらはすべてたまたまそうなっているだけの話です。自分のできる範囲のことをして、それ以上はしない。その上で便利な資格は取っておいた方が生きやすくなります。

バカは何をしてもいい

そういえば先日、昔知り合った日本人のイスラーム教徒の人間からメールが来たんです。実はこの人間、面倒なのでブロックしていたんですが、メールまではブロックしてませんでした。「好きな娘ができたんだけどその子のために祈ってもいいか」とかわけのわからない質問をしてきたので、「あなたはバカなんだからバカは何をしても赦される。現世ではそれ相応の報いが返ってくるかもしれないけど来世では赦される。現世でどうなるかは、私は責任は持てないけれどね」と返したんです。どうでもいいことを考えているなぁ、と思ったわけです。

イスラームには色々な決まりがあるんですけど、それらすべての決まりは責任能力のない人間は免責される、という大前提の上に成り立っています。コーランには「神は誰にもその能力以上のものを課すことはない」（2章286節）と書かれています。だから頭が悪くて善悪を理解できない人間は責任能力がないので最後の審判では赦されるんです。またティルミズィー（892年没）という学者が伝える預言者ムハンマドの言葉には、「精神障碍者は理解能力がつくまで責任を免じられる」とあります。だからバカは何をしても赦されるんです。

といっても、赦されるのは最後の審判でのことなので、この世でどうなるかは私の知るところではありません。人を殺すと死刑や無期懲役となるから、それが嫌ならやめた方がいい。ばれない自信があるならやってみても構いませんが、どんな結果になろうともすべて自己責任です。

相談の件に戻るなら、異教徒を好きになってその娘のために祈るのは、法律にもふれませんから、なんの問題もありませんが、ストーカーをしたり、レイプしたりすれば、バカだからたとえ最後の審判では赦されるとしても、この世では警察につかまって刑務所送りになるかもしれないから、やらない方がいいですよ、という話で、それ以上でも以下でもないんです。みんな色々どうでもいいことに悩んでいるな、と思います。そう言っちゃうとおしまいなんですけどね。

STEP

7

学び直しなんてやめよう

変な資格に金を使うのもバカですが、近頃は国が主導して「リスキリング」とか言って学び直しを推奨しており、そんなことに踊らされて学び始めようとする人も大半がバカです。そんな理由でやるくらいの学びなら今すぐやめた方がマシです。そもそも何かを学びたいと思った人は、他人から「学びましょう」なんて言われる前に自分でやっています。**誰かに言われたから、仕事の役に立つだろうから、金が稼げそうだから、そういった理由でやったことなんて覚えていられるわけがありません。**

そもそも、覚えていられないことを無理してやる必要はありません。語学学習が良い例です。皆さんは中学、高校と英語を習ってきたと思いますが、そこで学んだことを覚えている人はどのくらいいますか？「将来英語は話せた方がいい」と言われて学び、実際に話せる人はごくわずかでしょう。大人になってから英語塾や留学に大金を使った挙句、結局日常生活では使わないのでもう覚えていないという人ばかりです。まぁでも、人間誰でもそんなものです。

私も海外で十年以上暮らし、二年間は大使館で外交官のまねごとをし、国際会議でもダウトオウル元トルコ首相などと英語で議論を重ねてきましたが、それでも英語の映画になると二割ぐらいしか聞き取れません。そんなものなんです。サヴァン症候群のような特殊な場合を除いて、人は覚えたことを忘れるものです。

このまま語学を例にして話を続けますが、普通の人間が語学を上達させる秘けつは「忘れる以上に覚える」、これしかありません。ザルで水を汲むようなものですが、ザルについた水滴でもたくさん集めれば、コップに一杯ぐらいは溜まって乾いた喉を潤《うるお》すぐらいはできるものです。そのくらいの量をこなすにはそれ相応の努力が必要ですが、まぁこれを聞いてやるのをやめるくらいなら最初からやらない方がマシなんです。何事も「学ぶ」というのはそういうものです。

覚えるものの数を減らそう

そして**忘れる以上に覚えるためには、できるだけ覚えるものの数を減らすこと**が大切です。だからどんなに難しくても、簡単なものを選んで興味のない簡単な読み物から始めるような寄り道をせず、たとえ難しくても最初から自分の知りたい分野のものをいきなり読んでみるのが結局のところ、現実に語学が使えるようになる一番の近道です。まぁわかりやすくいうと、人間の記憶力には限界がありますし、無理にすべてを記憶しようとすることで、ストレスが溜まり、効率的な学習や生活ができなくなってしまいます。

何が忘れていい情報で何が忘れてはダメな情報なのかがわからないという人もいるでしょう。こうした人に対して、「覚えるべき情報の優先順位をつけ、デジタルツールと手書きのメモを組み合わせることで情報を整理し、一日の中で何を覚えるべきか、どのくらいの時間を割くべきかを考え時には休憩を取りながら情報を吸収することが重要」といったことをアドバイスするのが一般的でしょう。まぁでも忘れるものは忘れます、ということを念頭に置いておくことが肝心です。そうすれば忘れたことでいちいち落ち込むこともありません。

老人は学生を家庭教師として雇おう

最近はこれまで仕事しかしてこなかった、仕事が生きがいだと嘯《うそぶ》いていた老人が、定年退職後に学び直しとか自分磨きと称して、新しいことを始めるなんて動きも多いようですが、そんなことをしたって誰のためにもならないどころか迷惑でしかありません。既に老化してボロボロの身体を磨いたって何にもなりません。宗教というのは、基本的には人間の欲望を断って足るを知ることこそが精神の平穏をもたらすと教えます。若ければ食欲も性欲もあるのは仕方ありませんし、たとえバカであっても今後伸びる可能性が老人に比べればありますから、学ぶことに意味があるかもしれない。学んだことを役に立てる機会があるかもしれません。

しかし、老人の場合はただのエゴでしかありません。知識は死ねばそれで消えてしまいます。老い先短い老人が何かを学んでも、知識を地獄に持っていくことになるのが関の山です。純粋にそれが趣味なら、独りで勉強しているのは悪いことではないので止《と》めませんが、それが何か立派なことであるかのように持て囃《はや》すのは大間違いです。ましてやそれで若い人の入学枠を一つ奪うことになったり、先生が若い優秀な人材に割く時間を奪っているならそれはもう犯罪といっていいぐらいの悪です。

日本はどんどん老人が増えていく時代であり、この老人たちにモノを売りつけないと立ち行かないので、「学び直し」というキラキラワードを使って金を巻き上げているんです。それは煽《あお》る方もそれに乗せられる方もバカなんですが、資本主義というシステムである以上仕方がない。大学も少子化で金がありませんから、「生涯学習」といって、定年退職をした人を受け入れたりもしていますが、本当にバカげています。

それでも学びたいと思うのなら、**若くて貧しい学生を家庭教師として雇うのがいい**でしょう。その人にお金を渡して教えてもらう。教える側の若い人は教えることで自分の学びにもなるし、お金ももらえるしで一石二鳥です。老人からしてもすぐにできる社会貢献になります。大学などに入って文科省の役人どもに中抜きされるよりずっといいです。

STEP

8

子供を捨てよう

親はなくても
子は育つ

子育てに悩む親は多いと言いますし、最近は宗教二世など親と子供の関係性についてしばしば話題になりますが、子供なんて放っておいても勝手に育ちます。

まず、私は哲学者なので極端な例から考えますが、子供は生まれた時に「自由」を与えられたら死ぬしかありません。あなたは何語をしゃべりますか？と聞かれても何も選べませんし、何を食べますか？と言われたところで子供は選べない。自由を与えられたら死んで終わり。だから教えるしかない。という話から始まって、親が教えなければ死んでしまうわけだから、**子供というか人間には元々自由などというもの自体が存在しない、**ということになります。

私が子供の頃はA・ゲゼル『狼にそだてられた子』（家政教育社、1967年）といったたぐいの本をたくさん読んでいました。現在ではあの本の内容は嘘だという話もあります。その事例については検証のしようもありませんが、一般論として狼に育てられたその子が半ば狼のように育つのは事実です。『もののけ姫』なんかもそうですよね。それが何歳までかはわからないですけど、動物に育てられるとある程度は動物的になり、完全に人間に戻るのは相当難しくなる。どちらにしても相当なところまでは教えられた通りになるのは仕方ない。少なくとも今の人間の生物学的条件が変わらない限りは、子供を自由にさせておくなんてことはできないわけです。それはたとえ映画の『マトリックス』みたいな世界になって、人間がずっと眠っていて睡眠中に空想上でどんな欲望でも叶えられるようになったとしても、乳幼児は誰かに教えてもらわない限り、そもそもどんな欲望も持つことができません。

結局人間は乳幼児期から誰かによって何かを洗脳されることによって初めて人間になることができるので、そもそも二世問題やカルトが子供の信仰の自由を奪っている、などという話自体がナンセンスです。これはなにも宗教・カルトに限った問題ではありません。現代の世界観は価値相対主義で絶対的に正しいというものがないので、誰でもみんな好きなことを何でも教え込んでいい、という身も蓋もない結論になってしまいます。今の世の中では結局は権力を握っている多数派の意見が通っているだけの話で、それもただの流行でしかありません。

「嫌なら捨てる」で虐待は減る？

そういうところまで突き詰めて考えると、虐待とかネグレクトとか悪い親はたくさんいる、一方で子供を保護する施設はちゃんとある、だったら、子供が邪魔で嫌いな親はどんどん子供を捨てればいいんだ、という考えを広めればいいのです。普通虐待する親は、子供なんて食べさせたり服を着せたり学校に行かせたりするのに金はかかるし、夜は泣いてうるさいし、狭い家の場所塞《ふさ》ぎで、邪魔な厄介者でしかないのに、親だから家で育てなければいけないと思い込んでいるので、腹を立てて虐待しているんです。

だから子供なんて嫌なら捨てても少しも悪くない、なんならお金をもらって売り払ってもいい、ということになれば、喜んで捨てるか売る、そうすれば虐待とかネグレクトなんてなくなります。それでも、もともと自分の子供でも他人の子供でも関係なく、子供一般が嫌いで虐待が趣味なサイコパスの虐待を止めることはできませんが、完全なユートピアはこの世にはありませんから仕方ありません。

現代は小学校とかでも両親がいるのが当たり前という考えではないし、家族の形もそれぞれであるといった価値観が主流ですから、母親であれ父親であれ親だからといって子供を育てる義務なんてない、みんな嫌だったら「どんどん捨てなさい」という啓蒙をすべきだと思います。それが一般的になれば、その価値観が常識になって色々問題とされていることが解決します。

このような話は、現代西欧の価値観に洗脳された皆さんには一見するとショッキングなものかもしれません。しかし、冷静に考えてみて、**虐待やネグレクトなどの環境で育てられている子供を本当に救いたいとか思うなら、「子供は捨てたっていいんだ」と啓蒙してその価値観を多数派にしていく必要がある**という話です。

実際に捨てられた子をどうするんだということはその次の話で、食事や衣服、住まいといった物質的な面でのサポートは、親以外の親戚や友人、近隣住民、または児童養護施設や施設スタッフが提供するなど、政府や地域社会が、児童養護施設や里親制度、フォスターケア（家庭で養育できなくなった子供を里親が一時的に養育する制度）をはじめとする社会的な仕組みを充実させる必要はあるかもしれません。

もっと家族を大切にしよう

とはいえ、他の多くの哺乳類と同じで人間には先天的に子供が可愛いという感情がプログラムされています。しかしそういう感情が先天的に欠けている人間もいる。つまり、先天的な親の愛情はないのに、親なら子供は育てなければならないと世間から刷り込まれているために、子供を手放すのに抵抗感のある人間がいて、それが問題なんです。

恋愛も自由、結婚も自由、子供を産むも産まないも親の自由だ、というのであれば、子供を育てるのも育てないのも親の自由だとしなければ整合性がありません。それでは社会が成り立たない、ということなら「もっと家族を大切にしろ」と言っていくべきであって、今みたいな「なんでも自由」という教育が間違っています。なんでも自由なら本当にそうすべきで、子供なんて嫌いなら自由に捨てても売り払ってもいい、と言わなければならず、首尾一貫しない矛盾したいい加減なことばかりしているからどちらにもいけずに失敗するんです。

「家族を大切にする」というのは、そんなに難しい話ではなくて、本来親は子供を育てるべきだし子供は親の言うことを聞くべきというだけのことです。ただ、親はただの人間ですから、何も従われるべき理由はありません。それが何に従うかといえば伝統であり、伝統というのは神話ですから最終的には神の教えに繋がっていきますが、大抵はそこまで行く前に思考停止に陥りますが。まぁ、そういう話です。

STEP 9

料理をしよう

私は家にいて本を書くようなことが仕事なので、どうしても煮詰まってしまうことがありますが、そんな時は料理をします。料理といっても一人暮らしなので、本当に簡単なものしか作りませんが、気晴らしになる上にお金もかからず、多少クリエイティブな面もあるのでちょうどいいんです。

それに生きていれば腹が減る。どうせ食うので、一石二鳥でもあります。作った料理はよくTwitterに上げていて、失礼な人から「不味そう」というリプライがつきますが、味覚障害なのでよくわかりません。

中田考 @HASSANKONAKATA · 6月6日
昼食も朝食と同じ鶏カレー玉葱トッピングと胡瓜の金山寺味噌マヨネーズ和えをいただきます
3
24
1,721

中田考 @HASSANKONAKATA · 6月4日
夕食写真あげ忘れてた　デパ地下惣菜のイカ南蛮を使って八宝菜もどきと大根味噌汁

料理の参考は『きのう何食べた？』

料理といえばおすすめはドラマ『きのう何食べた？』です。他のところでも触れましたが、私は日本のドラマは不倫ものを除いてほとんど観ていて、『きのう何食べた？』もTVerで全部観ています。原作は大奥など人気作品を多数手掛けられているよしながふみさんの同名タイトルの漫画で、ドラマではこのゲイカップルを西島秀俊さんと内野聖陽さんが演じています。

ゲイカップルの日々の食卓をメインに展開する物語ですが、ここに出てくる料理を見て作ってみるなんてこともしています。昆布やカツオの産地にこだわったりするグルメものと違って、味付けはすべて激安スーパーの安物のペットボトルのインスタント出汁を特売日に買ってきて済ませます。新鮮さにこだわったりせず、賞味期限切れ寸前の半額シールを貼ったお勧め品を買うのを生きがいにしています。そういうのも含めて貧乏人の料理の楽しみです。特別な食材や調理法ではないので、誰でも真似して作れるのがいいんです。おすすめです。『きのう何食べた？』のレシピは、いろいろな人がインターネットに上げているので、興味がある人は「きのう何食べた　レシピ」でインターネットを検索してください。

ここから先、さらに深く料理を楽しむのもいいでしょう。例えば季節に応じた食材を使ってみたり、世界中の〇〇料理を作ったりすれば、世界中の食文化に触れることができます。異なる国や地域の料理を作ることで、新しい食材や調理法に出会い、自分の料理の幅を広げることもできるかもしれません。あとは調理器具や食材にこだわってみてもいいですね。さらに腕を上げたい人は料理教室に通うという手段もありますが、こんな本を読んでいる人は基本的にコミュ障でしょうから、余計な人との接触は避けた方が無難です。

悩んだら単純作業をしよう

思考を要するような仕事や作業をし続けていると、どうしても煮詰まってしまうことは誰にでもあるでしょうが、そのまま考え続けていても良いことはありません。悩みもそうです。悩んでいるだけ無駄なので、淡々と手を動かしましょう。私は掃除や洗濯は嫌いなので料理をしますが、そういう時は単純な作業がいいですね。掃除でも洗濯でもなんでもいいんです。

「STEP③推しを持とう」でも書いた『美しい彼』の平良一成ことひらくんは、コンビニケーキに栗をのせるアルバイトをしています。彼は元々一眼レフが趣味なのもあって写真家になるんですが、コミュ障でもあることからケーキに栗をのせるといった単純作業をしている時の方が心は平穏な状態でいられるんです。**だから変な承認欲求とかに心を乱されない単純作業をすることが幸せに過ごす秘けつだったりします。**

一番いいのは、単純作業の中に少しでも意味を見出すことです。**自分ならではの仕事とか、個性とか、オリジナリティとか、そういったものにだけ意味を見出そうとするから無駄な悩みを抱えてしまうんです。**そもそも個性やクリエイティビティというものは幻想です。ありもしないものに意味を見出そうとしたり、こだわったりするから変に悩んでおかしくなるのです。ひらくんは、写真家志望なのですが、自分の才能に自信がなくてプレッシャーから逃れるためにコンビニのケーキに栗をのせるという単純作業のアルバイトをしており、その仕事でもらう賃金で清居くんとの生活ができると考えることで幸せいっぱいになります。

「ラインの上を黄色いモンブランがどんどん流れてくる。工場の中には甘ったるい安い菓子の匂いが充満していて、みなうんざり顔で作業をしている。けれど平良は楽しかった。この栗の一粒が、清居とふたりで暮らす部屋の家賃となる。この栗の一粒が、清居とふたりで眠るダブルベッドになる。この栗の一粒が、清居とふたりで食べるご飯になる。この栗の一粒が、清居とふたりで入るお風呂の湯になる」（凪良ゆう『美しい彼』、徳間書店、２０１４年）。

こんな具合です。

「修行」は、人間的な欲望からの解放を目指して行う仏教用語ですが、修行で具体的に何をやるかといえば単純作業です。境内を掃くとか床を雑巾掛けするとか、毎日毎日同じことを繰り返す。これらはすべて「自分をなくす」ためにするのです。どのような宗教も目指すところは自我をなくすことで欲望を断ち、それによって心の平穏を手に入れるということですが、その逆のことに意味とか意義を求めているバカが多すぎます。

「自分らしく生きることが大切だ」
「人と違うことをやることにこそ価値がある」
「自分の頭で考えよう」
「人間にしかできない仕事をしよう」

そんなことを言うバカが近寄ってきても無視しましょう。そんなものはどれも幻想です。そう言うことによって、あなたに何かを買わせようとしているクズばかりです。

料理でもなんでも、日々の単純作業に意味や楽しさを見出すことができれば、あくせく働く必要もないし、自己承認欲求を満たす必要もなくなります。

STEP 10

都会に住もう

私は老人であれば田舎に引っ込んで、人知れずに死を待つだけという生活をすすめていますが、生きていたい若い人はとにかく都会で暮らしましょう。とりあえず人が多ければ誰かの目には留まりますから、気が向いたら助けてくれるかもしれないし、最低限のコミュニケーションさえできればとにかく生きていくのは簡単です。

よくある議論ですが、田舎の方が人間の同質性が高くその中でうまくやっていかないといけないという傾向があります。都会よりも田舎の方がハイコンテクストなコミュニケーションが求められるし、面倒な人間関係の中で生きていかなくてはならず、よほどコミュニケーション能力に自信がある人でない限り避けた方がいいでしょう。

それに比べて**都会は人口に比して人間も多様であり、人間同士が切り離されているため、あらゆる人間が楽に生きていけます。**よほど変なことをしない限り目立ちませんし、基本的には誰もあなたに興味なんて持ちません。日本語ができない人間でも最低限のコミュニケーションさえできれば、都会なら暮らしていけます。「ん」とか「それ」という最低限の単語と最低限のお金さえあれば、お店に入れば商品を買ったり注文できたりするので食べるものにも困りませんし、人の気持ちなんてわからなくても都会なら生きていけます。お金がなくても、コンビニに行けば食べ物が溢れています。

都会にいれば最悪でも飢えて死ぬことはありません。

一般論ですが、都会には、仕事や学びの機会が豊富にあり、様々な人との出会いや新しい体験の機会も田舎に比べてたくさんあります。様々な企業や職種が集まっていますし、その分就職や転職のチャンスも豊富にある。また、起業やフリーランスにチャレンジしやすい環境が整っています。加えて、大学や専門学校、語学学校など、幅広い教育機関が集まっているため、田舎に比べて何かを学びたいと思った時にアクセスできる環境も整っているし、何よりインフラが整備されているので、車なんてなくてもどこにでもすぐに行くことができます。このように今田舎にいる人は都会に出ることで新しい人生をスタートさせることもできるでしょう。

『闇金ウシジマくん』を読もう

ただし、新しい人生のスタートは何も良いものだけではありません。「金持ちになろう」とか「成功するんだ」という希望を抱いた若者が、その思いにつけ込んだ人間に騙《だま》されて転落していく物語は現実に掃いて捨てるほどあります。

私からすれば騙す方もバカなら騙される方もバカです。何度も書いていますが、分を知らない人間は分を知ったミミズにも劣ります。そもそも「金持ちになろう」とか「成功するんだ」と思う人間は、「今自分は金持ちではないけれど、いつかは金持ちになれるはずだ」とか「今はまだ成功していないけど、頑張れば成功できるはずだ」と思っているわけですが、**「金持ち」も「成功」も外からの評価であり、それに対して「自分はこうならなきゃいけない」と思うこと自体が愚かな考え方**です。

ここまで読んでもよくわからないという人は『闇金ウシジマくん』（真鍋昌平、小学館）を読みましょう。例えばコミックス三〇巻から始まる「フリーエージェントくん」は、「金が欲しい」と願いながら東京で暮らす派遣社員の男が、ＳＮＳで「金持ちで成功者」を自称する人間に騙されていく物語です。要は情報商材を使ったマルチ商法にはまっていく人間模様を描いたものですが、この手の話は繰り返し現実で起こっています（とはいえ、近頃は田舎にいてもTwitterやYouTubeを通して外部の情報が入ってくる時代で、最近も田舎にいながらそういった情報に騙されてしまった高校生が上京してすぐに「闇バイト」に手を染めてしまい、その結果亡くなってしまうという事件も起こりました）。

地元最高?

ここまでの話と矛盾するようですが、一生出身地である地元で楽しく暮らしていく方法もあります。人気漫画『地元最高!』(usagi、彩図社)第二九話「ズッ友」では、主人公のシャネルちゃんと親友のちひろちゃんのこんな会話があります。

ちひろちゃん「そういえば小3の時クラス委員してたゆきなちゃん、チャリ大量に盗んで飛んだらしいよ」
シャネルちゃん「ええ⁉ 友だち消えるの今月で3人目だよ…」
ちひろちゃん「最近やばい人が出所するって噂になってるし、組抜けした元ヤクザも増えてますます騒がしくなってきたなぁ…」
シャネルちゃん「まぁ大丈夫でしょ! 私たち頼れる先輩たくさんいるし!」
ちひろちゃん「たしかに〜いい友達と先輩に囲まれて、私たちって結構ラッキーなのかも!」

シャネルちゃん「そうだよ！　私たちの地元は、ぜっったいに世界でいちばん最高だもん！」

読んだことがない人はよくわからないかもしれませんが、『地元最高！』の舞台である〝地元〟ではドラッグ、強盗、傷害、特殊詐欺、賭博……とあらゆる犯罪が横行し、とても治安がいいとは言えないところで、主人公のシャネルちゃんも物心ついた時から半グレの元で下っ端のような仕事をしています。彼女たちは義務教育さえまともに受けていませんが、彼女たちは彼女たちで幸せそうに暮らしている。日々世間の目を気にし、会社では上司に忖度し、プライベートで会う友達にも合わせて、SNSに何かしら投稿しては「いいね」がつくかつかないかに一喜一憂しているような人間は、果たしてシャネルちゃんより幸せなんでしょうか。

結局のところ「幸せ」というのは環境やそこでの価値観に大きく依存します。**不幸なのは、できもしないことをできると思い込まされ、「今のままじゃダメだ」という強迫観念に追われながら過ごす状態のことです。**

都会の魅力や注意点を理解し、自分に合った生活を送ることが大切です。都会での新しい経験をしながら自分の身の程を知り、分相応に生きていくことが幸せです。

JUMP

JUMP

1

比較するのをやめよう①

嫉妬と羨望を切り分けよう

人は何をするにしても、家族や身の周りにいる友人など、非常に狭い集団から強い影響を受け、その集団の価値観、行動様式を基準にしています。このような集団を社会学では〝準拠集団〟といいます。**結局自分の位置付けとか幸福というのは、その準拠集団の中で決まるのが現実です。**

例えば東大生の場合は準拠集団が東大生なのでその中で自分の評価をするわけです。世間から見れば東大生は自己評価も高そうに思えるでしょうが、東大生の自己評価の基準は周囲の東大生ですから、「普通の東大生」では自己評価は高くなりません。彼らは東大に入る前、特に小学生の時とかは優等生で自己評価の高かった人が多いのですが、東大に入ると自分よりできる人間がたくさんいるので、ショックを受ける人が多い。私は中学から高校まで灘に通っていたのですが、そこで落ちこぼれだったので、東大に入っても一浪で文Ⅲなので劣等感しかありませんでした。とはいえ、小学生の頃は勉強はできたのですが、先生に嫌われていたので成績は良くなかったためやはり元々自己評価が低かったんですけれど。

それで、特に受験校の出身でなく自分の努力だけで東大に入った人は、入ってみると周りの人間の能力も高いしそもそも文化資本が違うのでどんどん落ち込んでいく。

エリートの会社員も同じです。その集団の中での競争になるわけですから、世の中から見れば成功しているような人間でも、ほとんどはコンプレックスを抱えて生きているんです。満足している人間なんて世の中にはほとんどいない。

難しい話ではありません。野球好きの子供は、部活で補欠になれば落ち込みますが、プールで泳げなくても、鉄棒で逆上がりができなくても平気です。甲子園の常連校の野球部員なら、レギュラーになれても、甲子園に出られなかっただけで一生それを引き摺って生きることになったりします。プロの野球選手は、野球好きの子供たちにとっては憧れの的かもしれませんが、プロ野球の選手の間では準拠集団がプロ選手ですから、二軍で終われば自分のことを負け犬だと悲観することになります。

「STEP⑩都会に住もう」でも紹介しましたが、地元から出たことのない少女たちが無知ゆえにどれだけ不幸な目に遭おうとも「地元最高！」と言い続ける『地元最高！』というマンガがあります。これは逆に準拠集団が「地元を出たことがない不幸な目に遭い続ける若者」だと、「普通なら」不幸と思えるような環境にいて、問題が生じても幸せでいられる、という良い例です。社会学の教科書を読むより『地元最高！』を読む方が百倍役に立つので、ぜひ読んでみましょう。

嫉妬と羨望を切り分ける

イスラームだと〝妬み〟のことを「ハサド」といいますが、相当に悪いものだと考えられています。それに対して〝羨ましがる〟ことを「ギブト」といって区別しているんですが、大雑把に言ってしまうと、**「他人を羨ましいと思うのはいいが、相手がそれを失《な》くすことを望むのは悪いことである」**という意味です。そうやって「ハサド（嫉妬）」と「ギブト（羨望）」を分けて議論します。

イスラーム教徒も人間ですから、好みや趣味はいろいろです。価値観といっても構いません。野球のような他愛のない趣味なら、羨ましいと思うのは仕方ありませんが、ライバルが病気になったり事故に遭ったりするように悪だくみをしたり呪ったりしてはいけない、といった話です。

またイスラームの教えでは良いこととは、神様がそれに満足することです。本当なら、イスラーム教徒の集まりであれば、その価値観もイスラームの教えであるべきです。人間には承認欲求というものがあります。人に認められたい、褒められたい、という気持ちです。この天性の人間の感情を元にイスラームは、その承認欲求を神様に向けようとします。神様から認められ「よくやった」と言ってもらえさえすれば誰にも理解されなくても、誤解され憎まれ嘲笑《あざ》われようとも、犯罪者扱いされて投獄されたり処刑されたりしても笑っていられるということです。

ですからイスラーム教徒が準拠集団であれば、誰もが神様の満足を目指すようになって他人の評価、世間の目など気にしなくなる、とはならないのが悲しいところです。イスラームの教えといっても、直接神様が子供に「これをしなさい」「あれをしなさい」と教えてくれるわけではありません。イスラーム教徒であっても、最初はお母さんやお父さんから言葉を教わり、それから友達と遊んだり一緒に勉強したりしている中でイスラームを学んでいくわけです。ですからモスクやマドラサ（イスラーム学校）で同じ先生からイスラームを学ぶ学友、兄弟弟子を準拠集団としてイスラームを勉強する場合、「神様に褒められるような人間になりなさい」と言葉では教わります。貧しくて困っている人にお金を恵むのも、コーランやイスラーム法学を学ぶのも、礼拝をするのも、すべて神様を喜ばせるためにしなさい、ということです。しかしそれは建前で実際にはその準拠集団の中での評価が重要になる、というのが普通です。日本の学校での道徳の授業と同じですね。先生も生徒も建前を口先で唱えているだけで、実際にはスクールカーストの中の準拠集団の価値観を内面化していきます。だからイスラーム学校の生徒でも先生に褒められるために、あるいは学友に勝つために人助けをする、イスラームの勉強をする、たくさん礼拝をする。あるいは世間からえらいイスラームの先生だ、と思われたい、大学の先生になって出世したい、お金持ちになりたい、などと思って勉強する、といったことになります。

「先生に褒められたい」とか「世間から偉い先生と思われたい」とかの理由でイスラームの勉強をしたり、礼拝や喜捨や断食などに励むだけでも間違いなのに、同僚の先生や学友の足を引っ張って自分が偉くなろう、となると二重に悪を重ねていることになるというわけです。

こういう風に論理的な議論を重ねても嫉妬の感情はなかなかなくなるものではないんですが、しないよりはマシでしょう。

JUMP

2

比較するのをやめよう②

絶対に叶わない夢を持とう

本書でもこれまで何度も繰り返し書いていますが、イスラームは私たちが持っていると思っているものもすべては神様から与えられたものであると教えています。それはお金や権力だけではありません、家柄や出自、身体、そして二〇〜二一世紀の日本に生まれ合わせたことも、いや、いまここに酸素約二〇パーセント、窒素約八〇パーセントで摂氏マイナス四〇〜プラス四〇度の空気があることもすべて神様が与えてくださったもので、自分一人で手に入れたものなど何一つありません。

お金であれ、社会的地位であれ、政治的権力であれ、身体能力であれ、知能であれ、技能や知識であれ、すべては神様からの授かりものであり、それらはただ神様が喜ぶように正しく使うために預けられた信託なのです。だからそれらの預かりものは神様から命じられた通りに正しく使わないと、来世での地獄の懲罰に値する、とされるのです。

いつでもどこでも「やったこと」は足りない

イスラームは権利ではなく、義務と責任で考えます。持つ者にはそれを正しく使う責任があり義務が生じる。**人間は平等ではなくて、力がある人間にはその分重い責任があり、最後の審判ではそれが問われる**わけです。「お前は力を持っていたのにその義務を果たさなかった」「お前はその力で良いことができたのにやらなかったのはなぜだ」と言われてしまうのです。そう考えていると、自分にないものを他人が持っているからといって人を羨ましいとはそもそも思いません。

　難しいのは、その能力を正しく使えたかどうかは本人には知ることができず神様にしかわからないということです。例えば「あの時五〇〇円でも恵んであげればあの人は助かったかもしれない」とか言い出したらキリがないんです。だから誰でもいつでもどこでも「やったこと」は足りないんです。それに昔だったら「知らない」で済んでいたことも今はこれだけインターネットが発達してしまったわけなので、「知らない」では済まなくなっている。例えばウクライナで戦争で人が死んでいるとか、ミャンマーやイエメンやスーダンでも内戦で多くの人が死んでいる、とか内戦を逃れてヨーロッパに渡ろうとして鮨《すし》詰《づ》めにされた密航船が沈んで多くの難民が溺死しているとか、昔だったら「だって知らなかったもん」と言えたわけですが、今はそれが通用しません。「そんなにお金を持っているのにお前は誰も助けなかっただろう」と神様から言われても、昔なら見えなかったから、知らなかったからで済んでいたわけですが、今はそういう言い訳はできなくなっています。一日一〇〇〇円の寄付で助かる命がある、と言われて、それができない人は日本にはほとんどいません。

私たちはインターネットのおかげでエアコンの利いた自宅の部屋にいながらにしてSNSで世界中の風景を見、自動翻訳機を使ってリアルタイムで世界の人々とチャットをし、世界中の映画やドラマや歌を観たり聴いたりし、FXや株式投資で巨万の富を得たりしています。都合の良い時だけ、グローバリゼーションの恩恵を受けておきながら、世界の貧困と不正、苦しむ人、虐げられた人の存在は知ろうともしなかった、で済ますことは許されません。

現代はこうして人間が本来担えるよりも大きな力を持ってしまった時代です。**誰もが自分の権利ばかりを主張し、大きな力を持ったことによって大きな責任が生じているとは思わない。**それが現代の人類の最大の問題なのです。日本のような豊かな「先進国」には「他人に文句を言っているお前は一体どれだけのものを持っていて、それをどれだけ私のために使ったのか」と最後の審判の日に神様から詰問されて、言い訳できる人間はいないのです。

他人と違う絶対に叶わない夢を持とう

私はそもそも昔から望み自体が他人と違っていたので、あんまり人を妬みようがないというところはありました。しかし現役の研究者だった時はそれなりにはありました。今でこそこうして本を出したりもしていますけど、イスラーム学というのは地味な学問だったので、私自身はずっと地味な学者だったんです。私が学生の頃は、私の数歳上の世代に浅田彰とかいわゆるニューアカデミズムが流行っていたので、歳の近い人間が論壇で活躍していました。ところが私なんかは古典学をやっていますので、一日に数行しか読み進めないような、しかも内容自体がすごくつまらない、そういう学問をずっと続けていました。そのような地味な学問をしていると、若くして論壇の寵児になるようなキラキラした世界が羨ましく、多少妬ましく思うというか、こんなことやっていて大丈夫なのかしら？と焦る気持ちはありました。

ただ、「STEP②漫画を読もう」でも書きましたけど、**自分だけの目標とか夢とかなんでもいいのですが、そういうものを持っていると比較のしようがありません。**

あとは歳をとったら素直に認めるっていうのも大事です。若い人と自分を比べて若返らなきゃいけないと思っている老人が多いのは見苦しい限りです。そんなことをしてもどうせ容姿も体力も知力も衰えるのは避けられませんし、いずれにせよ遅かれ早かれ死ぬんです。

昔であれば隠居してただ日向ぼっこでもしながら一日中お経を唱えて生きて死ぬのを待つだけでよかった人たちが、働かないといけないとか、アンチエイジングしないといけないとか、本当にくだらないことです。

どうしたって無意識でも自分を他人と比べてしまうことはあるのですが、持てるものの責任が大きいことを理解し、人と違う望みや夢を持つことが大切です。

イスラームの話をしましたが、ヨーロッパにも「高い地位には義務が伴う」という「ノブレス・オブリージュ」との考え方がありますので、神様を信じなくても理解できる思想だと思います。

JUMP

3

個性なんて必要ない

私たちは個々に異なる「個性」を持つことが強調され、それが社会の中での位置付けや価値を決定する。また個性は自己表現の一環であり、私たちが個々にユニークであることを示すものである。これが現代人の重要視する価値観の一つであり、不幸の元凶でもあります。

「ＨＯＰ⑤師匠を見つけよう」でも書いたように、「個性が大事だ」という価値観は、近代西洋世俗資本主義社会のイデオロギーであり、現代人は皆それに洗脳されています。**問題なのは「個性が大事だ」「自分を持とう」「自分の頭で考えよう」と口では言っているのに、実のところ自分で考えることなんてしていない、または自分で考えた気になっていること、そのうえ個性もまったくないという点です。**だって、一見《いっけん》すると違ったことをしているようでも、みんながみんな「個性が大事だ」と洗脳されて、これが「個性的な生き方だ」という流行を追わされているだけ、みんな同じ価値観の持ち主で少しも個性なんてありません。「自分の頭で考えろ」と言われて「そうか自分の頭で考えなきゃあ」と思った人間は、「親の言う通りに生きろ」と言われて、「そうか親の言う通りに生きなきゃあ」と思った人間と同じです。どちらも自分の頭で考えているのではなく、教師や世間やインフルエンサーの言葉に踊らされているだけです。

私からすれば個性や自己実現というもの自体が必要ないというか、それが大事だと考えること自体が間違っています。私が「個性なんて必要ない」と考える理由の一つは、個性という概念が社会的な比較に繋がるから、つまり他人と自分を比べ、その結果を自己評価の基準にすることで、自己肯定感を下げる事態となりかねないから、ではありません。「個性なんて必要ない」と考えることで、他人からの評価に左右されず、自己満足を追求することで、真の自己実現を果たすことが可能になるから、といった理由でももちろんありません。

そもそも「JUMP①比較するのをやめよう」でも書いた通り、どうしたって人間は準拠集団の中で他者と比較してしまうものであり、それ自体は受け入れざるをえません。

私が言いたいのは、「個性」や、それに伴って「自分のことは自分で決める」という価値観は、現代人にとって至極当然のことのように思われていますが、この考え方自体が非常に新しいものであり、そしてそれ自体が根本的に間違っているということです。それは、**自分という存在はそもそも他人からの呼びかけや他者との関係性によって成り立つ**からです。そうしたことは人間の個体発生においても言えるし、神話的にも言えます。これがJUMPを通して伝えたい最も大きなメッセージになります。

すべては運

そもそも自分というものを中心に置いて「自分が生きている価値がある」「自分の欲望が満たされる必要がある」とか考えるのは、まったく科学的ではありません。科学的には人間は他の動物と同じでただ生まれて死んでいくだけで、強い者が勝ち残っていく。強い者というのは暴力的に強いという意味ではありません。種として生き残る、ということです。ライオンなんて強そうですが、歳をとって足が弱れば獲物に逃げられて飢え死にです。弱いものです。小さくてちょこまか動けてどこにでも隠れられるネズミとかの方がずっと強いんです。

ミミズなんて目も耳も鼻もなければ、敵から身を守る手も足も歯も牙もありませんが、恐竜が滅亡した大隕石の落下の後、氷河期も生き抜いた古代生物であり、人間なんかよりずっと強い種です。

要するに科学的には環境に適応して群れとして生きて子孫を残す種が強くて生き残

る種であって、それでも運が悪いと滅びてしまいます。それだけのことです。人間だけでなく、山火事や、隕石に直撃されて生きていられる生物はいません。クマムシなら運がよければ生き延びるかもしれませんが。それでもクマムシが羨ましい、と妬む人はあまりいません。人間は普通クマムシを準拠集団としないからです。

　生きている生き物は権利があったから生きているのではなく、死滅した生物も生きる権利がなかったから死滅したわけではありません。また生きている者が優れていて、死んだ者が劣っているわけでもなければ、善良な人間が生き、邪悪な者が死ぬということでもありません。結局は**個体が死ぬのも生きるのも、種が存続するのも滅亡するのも運が良いか悪いかだけの話**で、最後は個体だけでなくどんな生物種も宇宙が滅びる遥か前に滅亡して終わりです。他のあらゆる生物と同じく誰にも生きる権利もない代わりに、死ななければならないということもありません。

　人間も同じです。「役に立たない弱者は死ねばいい」と言う新自由主義者は間違っています。それはどんなに役に立たない弱者であっても、生きる価値がない人間などおらず人間は誰にでも生きる権利があるからではありません。**どんな人間も役になど立たず、誰にも生きる価値もなく、生きる権利があって生きている人間などおらず、た**

だたまたま生きているから生きているだけだからです。そもそもたくさんカネを稼いで収入が多い人間は、役に立っているのはカネであってその人間ではありません。政治家や高級官僚や大企業のCEOなども実は人が寄って来るのは、その地位にであってその人自身にではありません。

その人がいなくなれば誰かがその穴を埋めるだけです。自称、他称の「クリエーター」たちは、代わりが利かないと思われるかもしれませんが、**代わりが利かないものは、そもそも要らないもの、役に立たないもの**です。なくても少しも困らないものです。実際、私はそいつらがいなくなっても少しも困らない、というかいなくなっても気付きもしませんから、これは確かです。

それに役に立つとか、生産性が高い、と言っても、結局はどちらもみんな死んでしまうのですから、すべては無駄でしかありません。それに生産性が高いといっても、そういう人間は資源やエネルギーを消費しているのであり、むしろ地球環境にとって有害です。そもそも光合成もできず、酸素を消費して二酸化炭素を排出するだけの人間は、生産性が低く役に立たないどころか、有害無益でしかありません。

生命倫理的には光合成をし、酸素を出す植物だけが命を育む生産をしているのであり、生きる価値があるのです。大量の天然資源とエネルギーを消費し二酸化炭素を放出し無数の生物種を滅ぼしてきた「人類」ごときが「生産性」など口にすること自体がおこがましいのです。

人類全員生きる価値も権利もない

だから「私にも生きる権利がある」「私は人権を蹂躙《じゅうりん》されている」などと「自分が」「自分が」と青筋を立てて妄想をがなり立てるよりも、「生きる価値も生きる権利もない、生物として有害無益でしかない自分がそれでもなぜか今生きているんだ」、そして「どうせ何をしても有害無益でしかないのだから今までろくでもない生き方をして生きてきたのと同じように何をしてでも生きていけるなら生きていってよいのだ」、と思う方が理にかなっており、理にかなった生き方をした方が気が落ち着くはずです。

「自分だけではなく、他人も自分と同じように生きる価値も権利もないろくでもない存在なのになぜか生まれてきて束の間の生を空しく生きて遠からず自分と同じようにジタバタと死んでいくんだ」と思えば他人にも少しはやさしい気分になれるかもしれません。まぁ、私なんかは他人には無関心なのであまりやさしくはなりませんが、それでも「お前の言葉で私が傷ついた」とか「私がしたいようにさせないお前は不正だ」などと嫉妬と憤怒に身を焦がすよりは精神的に健康だと思います。

JUMP 4

望めば望むほど不幸になる

ＳＮＳは「お前のせいで私は不幸になった」といった他責的な言葉が溢れています。「それで？ それがどうしたの？ あなたが不幸なのはあなたがバカだからだからだけど、あなたがこのままバカで不幸でいようと賢くなって幸福になろうと私にはどうでもいいんだけど？」としか思いません。だからそんなことを言っても言うだけ時間の無駄だと思うので、そんなことを言いたいとはぜんぜん思いません。でも今の若い人たちは、そんな言葉を聞くと、そうだ、そうだと皆が同調するので、承認欲求が満たされて、ますます声が大きくなるようです。

今の日本は貧しくなった？

例えば若者が年長者に対して「お前たちのせいで日本は貧しくなった。自分が貧しいのはこの社会を作った世代のせいだ！」とか言う場面もよく目にします。まぁ、今の日本が見る影もなく落ちぶれているのは、私たちの世代がバカだったからなのは一〇〇％その通りで言い訳の余地はありません。

しかし若い人たちがそういうことを言うのが「正しい」とはぜんぜん思えません。

確かに私たちが若かった頃、日本は「ジャパンアズNo.1」などと言われて浮かれ騒ぎ、アメリカの富の象徴であったマンハッタンのロックフェラーセンター・ビル（1989年）、世界一の高層建築として有名だったエンパイア・ステート・ビル（1991年）を買収し、「外貨でアメリカ全土を買い占められる」などと豪語し、アメリカの逆鱗《げきりん》に触れ叩き潰されました（ロックフェラーセンター・ビルもエンパイア・ステート・ビルもすぐに安値で買い戻されました）。

またアジアでは金と女で腐敗した政府に取り入って利権を獲得し、現地の労働者を搾取し資源を安く買い叩いて日本の製品を売りまくって、エコノミックアニマルと嘲《あざけ》り罵られていたのも、当時アラブ世界で暮らしていた私は日本の外から無責任に「他人事《ひとごと》のように」見ておりました。

それ以降も私たちの世代は愚行を重ね、その結果がアジア諸国にも様々な経済指標でどんどん追い抜かれていった現在の日本です。私たちの愚かさは隠しようもありません。私は愛郷者《パトリオット》ですから、悔恨の極み、忸怩たる思いです。

しかし私たちの世代が愚かにも食い潰した日本の富は、私たちの父母の世代が敗戦で海外植民地をすべて失い焼け野原となった本土で死に物狂いで働いて築いたものでした。私たちの世代は貧しかった私たちの父母の富を濡れ手で粟で相続しながらそれを愚かにも食い潰して、子供たちの世代に貧しい日本を残すことになりました。最低ですね。

白黒テレビ、洗濯機、冷蔵庫が「三種の神器」と呼ばれたのが一九五〇年代後半です。私は一九六〇年生まれですから、私たちの世代は親の世代よりも遥かに便利で豊かな生活を当たり前に送らせてもらいました。エアコン（当時はクーラーでしたが）が登場したのは一九六〇年代ですが、小中高は言うまでもなく、大学時代、当時の東大でさえ、教室にエアコンなどついておらず、それどころか四階のイスラーム学の研究室に行くのにエレベーターすら設置されていませんでした。パソコンもまだ普及しておらず、最初に買ったワープロのモニターは一行しか表示されなくてほとんど使い物にならず、卒論も修論も手書きでした。もちろんインターネットも携帯電話も衛星テレビもありませんでした。

日本が貧しくなったというのは現時点での他の国と比較しての相対評価の話です。私たちが若い頃と比べれば今の若い人たちの暮らしは夢のように豊かで便利です。私たちが親たちの知らなかったテレビ、洗濯機、冷蔵庫を当たり前のように使った生活を送っていたのと同じように、若い人たちは私たちが夢にも思わなかったようなエアコンのついた部屋に住み、エアコンの入った電車に乗り、個人のスマホを持ち、友達だけではなくインターネットを通して世界中といつでも繋がれるだけでなく、月に一〇〇〇〇円も払えば世界中のドラマ、映画、スポーツを観ることができ、音楽も聴ける生活を送っています。

落ちぶれたとはいえ日本はまだ高度成長期のストックがあります。それに治安もよく自然も豊かでまだ社会福祉も機能しています。ですから人類の平均からすれば日本に生まれたことは、「出生ガチャ」で大当りを引いたことになります。

日本に生まれたというだけで先祖たちが築いてきた富を享受し私たちや私たちの親たちが想像もしなかったような豊かで便利な夢のような生活を送りながら、「自分たちにはもっと豊かな生活をする権利があり、それができないのは上の世代が不正に富と権力を握って手放さないから」と他責的に若い人たちが考えるのも理解はできます。資本主義の社会では自分たちが生み出したのでもないものを相続するのは当たり前です。また自分より貧しい人のことは考えず、自分たちより豊かな人たちが送っているのと同じ生活を自分たちが送れないのは不平等、不正であると考えるのは、「人間には権利がある」という「人権」思想の行き着く先です。

「長くとも四十に足らぬほどにて死なんこそめやすかるべけれ」（『徒然草《つれづれぐさ》』第七段）と言ったのは吉田兼好《よしだけんこう》です。加えてヒンドゥー教では家族を養う責任を負って働くのは五〇歳までで、それからは仕事も地位も富も家族も捨てて街を離れて引退生活に入るのが望ましいとされています（林住期《りんじゅうき》）。

「権利」や「要求」を主張すればするほど渇きは増す

私は人間には生きる資格も権利もないと思っていますし、五〇歳にもなれば、富も権力も手放しいつ死んでもという気持ちで生きて死ぬのが良いと思っています。ですから年金や医療や社会福祉などの老人優遇制度はすべて廃止してしまってよいと思っています。したがって無用な老人がいなくなればよい、と若者が考えることを「身勝手でけしからん」とか、「ただの醜いルサンチマンに過ぎない」とか道義的に非難するなどというつまらないことをしようとは思いません。「老人に感謝しろ」とか「年長者は敬え」とか、言うはずもありません。そもそも今の八〇歳以下の老人は、戦時下で辛酸を嘗めた世代の遺産のフリーライダーで、それを愚かに食い潰した世代ですから。繰り返します。生きる価値も権利もないのは、あなただけではなく、みんなそうなのです。

ただアジア・アフリカの貧困国の奴隷労働や、先進国で「不法滞在」移民が担わされている3K（「きつい、汚い、危険」。もう死語ですか？）労働のような人権に反することはしない、しかし先進国の文化的な生活だけは欲しい、というのは望むのは勝手ですが、経済的に不可能なので早晩破綻《そうばん》し、決して実現することはありません。

だから「人権」などという嘘を信じて自分の「権利」を主張している限り、たとえその要求が通ったとしても、そうやって生活レベルが向上すれば準拠集団のレベルが上がって要求水準も上がり、結局また新たな不満が生ずるだけです。塩水を飲むようなもので飲めば飲むほどかえって渇きが増すのです。

私たちの世代は、第二次世界大戦の頃に子供時代を過ごした両親の世代が夢にも思わなかったような「自由」と物質的な豊かさ、便利さ、快適な暮らしを子供の時から当たり前に手にしていました。だからといって特にそれを幸福だとは思いませんでした。それが当たり前だったからです。しかし、学校にはエアコンなどなく夏は蒸し風呂のような教室に大人数が詰め込まれていましたし、通学も同じでエアコンなどない満員電車に鮨詰めにされており、体罰は当たり前でした。インターネットもスマホももちろんなく、コンビニが最初にできたのは私が中学～高校生の頃でした（1974年）。テレビでは「二四時間働けますか？ジャパニーズ・ビジネスマン♫」といったコマーシャルが当たり前に流れており、現在ならアカハラ、パワハラ、セクハラとされることが横行していました。それでもそれを特に不便だとも不幸だとも思いませんでした。それが当たり前だったからです。

現在では若者であれ老人であれ、生活保護で暮らしている「最底辺」の日本人でも、織田信長や豊臣秀吉や徳川家康より遥かに自由で豊かで便利で快適な生活をしていますが、「生きづらさ」「息苦しさ」といった閉塞感《へいそくかん》に皆が囚われています。それは**人間の幸福が、自分の準拠集団の価値観、自己評価の基準によって決まる相対的なもの**だからです。

現代の日本人が「最底辺」でさえ「客観的」には人類史上もっとも快適な生活を送っているにもかかわらず、それでもＳＮＳが公私にわたって不平不満で溢れているのは、準拠集団が「現代日本人」だからです。そしてその現代日本人の価値観、自己評価の基準が、人権であり、「自分には幸福になる権利があり、自分が幸せになれないのは、それを不当に妨げている者がいるからで、それらの者から権利を勝ち取れば幸福になれる」という他責的な考えだからです。

本当は私たちには「自分のもの」など何もありません。生きる価値も生きる権利もありません。ただたまたま運よく二一世紀の日本に生まれついて生かされているだけです。お金も地位も家族も健康もいつなくなっても少しもおかしくありません。隕石や雷や台風や地震のような天災でも戦争のような人災でも同じことです。**自分だけでなくどんな人間にも生きる価値も権利もなくたまたま生きているだけだという真実を直視して生きれば、自分が今持っているものが自分にとってどれだけの価値があるのか、あるいはないのかがわかります。**それによってしか渇きは癒されないのです。

しかしひょっとすると、こんな風に思うのは私がツイ廃だからで、SNSとは無縁の『地元最高！』に出てくるような欧米の欺瞞のリベラリズムや人権思想に汚染されていない「健全な若者」は、そんな幻想は抱いていないかもしれません。私の心配は杞憂《きゆう》で、そんな「健全な若者」たちが多数派なら、坂道を転がり落ちるようにこれから貧しくなっていく日本でも、日本人は身の程に合った「中進国」の国民としてそれなりに幸せに生きていけるでしょう。たとえ日本がアメリカと中国とロシアと（統一）朝鮮に分割されて国が滅びてもきっと逞しく生きていけるでしょう。

まぁ『地元最高！』をお読みになって「なんか違うなぁ」と思ったのなら、我慢して続きを読んでください。

JUMP

5

自分は他人が決めるものである

ウクライナとロシアの戦争で大勢が死んでいると言われています。日本でもたくさんニュースになっていますが、死者の数だけ見れば大したことはありません。第二次世界大戦では五〇〇〇万人超が死んでいます。日本ではニュースにならないような中東の戦争でも多くの人間が死んでいる。ロシアが核を使えば一〇〇〇万人単位で人間が死ぬかもしれない。でもこれを読んでいる大半の人間は死なない。もしかしたら死ぬかもしれないけど、死なない人間の方が圧倒的に多い。客観的、論理的に考えていくとそういうことになります。

今起きていること――「知っていること」と言い換えてもよいのですが――を直視して生きていく以外にありません。それでも「自分は自由である」とか「自分で考えている」といった勘違いをしないことはできます。コロナ禍をはじめとするこの数年でわかったことは、人間にはフェイクニュースとそうでないものを区別することなんかできないし、**エビデンス（証拠）があるものなんて何一つない**ということです。エビデンスと言われているものが、何一つエビデンスではなく、政治を例にしてみても、日本は本当にひどい国になったとか言いますけど、それでも別に滅びもしないし続いています。

結局のところ、本当のことはわからない、でも別に本当のことなんてわからなくてもいい。人類は有史以前からそうやって生きてきたし、人間以外のものもそうやって生きてきて、それで死んでいくだけの話です。

人間は主観的にしか生きられない

このように考えていくと、人間は愚かであるという当たり前のことを再確認するだけですが、それだけは確かなことです。本当に自分で考えるというのはそういうことです。要するに「誰かが言ったから」「あそこに書いてあったから」とかいうことを信じないで、自分の見聞きした範囲、自分の見えたものだけを信じる。そうすると、結局のところ自分にわかることなんてほとんどないということに行き着きます。その時にわかるのは、自分の身の周りにある世界のことだけです。そして自分が生きていることは偶然でしかないことに気付きます。本当にちょっと転んだだけで死んでしまうとか、一分前には思いもしなかったことが起きるし、一分後に自分が何を考えているかなんてこともわからない。その証拠にこれを読んでいるあなたは、今から一分前に今この文章を読んでどう思うかわかっていなかったでしょう。それにこれから一分後に何を考えているかもわからないでしょう。結局人間は自分が自由に自分で考えていると思っていることであっても、その時代の偏見でしかなかった、といったようなことがわかります。つまり自由で自立した主体である「自己」なんてものが確固としてあるわけではないことがわかるだけです。

新生児には自我はありません。ただばらばらの感覚があるだけです。幼児には、自分の感覚と連動する身体の動きに気付くことによってまず外界と区別された物理的／身体的（physical）な「自己」の萌芽が生まれます。そうして混沌とした感覚与件の中から立ち上がった「物理的／身体的自己」は、さらにその「自己」から差異化された環境と対物的相互関係、対人的相互関係を取り結ぶことで「自分の食べ物」、「自分の母親」など所有格「自分の」によって「自己」を拡張しながら自己組織化を進めていきます。そして成長と共に他の人間との言葉によるコミュニケーションの中で、他の人間が自分と同じような人間であることに気付き、自分が他人を見ているのと同じように他人も自分を見ていることが理解できるようになります。**親にとっての子供、兄姉にとっての弟妹、友達にとっての友達、先生にとっての生徒などなど、様々な役割を**

統合した自我が立ち上がるのです。そして他人から見た自分を自分の中に作り上げることで、世界から区別された世界に関する「主体としての自分」と、世界の中に他のモノ、人間などと並んで観察される「客体としての自分」が同時に立ち上がるのです。

他者の視点を内在化することで人間の世界は飛躍的に広がります。自分の目で見たなら近くの草花は大きく、遠くの山は小さく見えます。しかし過去の自分と現在の自分を統合し、昔、その山に登った「過去の自分」の視点に立てば、山は大きくそこには目の前の草花よりずっと大きな木がたくさん生えていることが「客観的に」理解されます。

また他者の視点を内在化すれば、外国に旅行した人の話を聞くことで、その人が見た光景を自分が見たかのように思い浮かべることができます。加えて地理や天文学や数学を勉強し、学者の視点を内在化すれば、自分だけでなく、自分の目では見渡すことができない地球全体すら、座標の中を用いて宇宙の中に「客観的に」位置付けることさえできます。

人間は発達過程の中で他者を内面化するようにプログラムされていますが、結局のところ、自己の身体を抜け出すことはできませんので、所詮は「客観」は「主観」から分化した虚構に過ぎません。**最終的には主観がすべてであって、人間は本当の「客観」を手に入れることはできません。**もともと生物としての人間には、物理的／身体的に近くにいる者の視点を内面化するようにしかプログラムされていません。環境も文化も言葉も違う外国人の視点を内面化することは難しく、ましてや、コンピューターのような機械によって強化した視点を内在化することなどできません。

主観と客観を分けて考えていく

自分にとって重要なのは、第一段階では自分だけです。主観的に重要なことと、客観的に重要なことは違っていて、**主観的には自分だけが大切であるというところがスタート**です。身体的な自分と自分に近い人間や知っている人間、それらだけが本来自分の確認できる人間であり、例外もあるでしょうが、多くの人が大切にしているものです。それら以外の人間は客観的な存在になります。

この二つはぜんぜん別の話です。少し前までコロナでみんな騒いでいましたが、客観的にはどうだっていい話でした。それは今だから後知恵で言っているわけではなく、私はずっと前から日本の人口が一〇〇〇〇万人減ろうが二〇〇〇〇万人減ろうがぜんぜん構わないと思っていますし、そう言ってきました。ただこの一〇〇〇〇万人、二〇〇〇〇万人が子供ばかりだったら人類が滅びますから大変です。一方で、一応人類が滅びたらダメだという立場をとったとしても、この一〇〇〇〇万人や二〇〇〇〇万人が老人であれば何の問題もありません。それよりも今は人口が多すぎて食べ物が行き渡らない方が問題ですから、むしろ「渡りに舟」と言いたいところですが、一〇〇〇〇万人や二〇〇〇〇万人がコロナで死んだぐらいでは人口増加は止められず焼け石に水でしかない、というのが身も蓋もない真実です。

しかし主観と客観は違いますから、客観的に老人は遠からず死ぬのであって今すぐ死んだとして国にとっても人類にとってもまったく問題はないとしても、主観的に「自分は死にたくない」とか「自分の友達や家族には死んでほしくない」と思っても、それはそれで矛盾しません。**主観的な感情と客観的な事実をちゃんと区別して、わかっていればいい**のです。

このように主観と客観をきちんと区別して扱わないと、ひたすらバランスの悪い議論になっていきます。それを踏まえた上で、客観的に言えば、本来、みんな他人なんかどうだっていいわけです。コロナの話でいえば、もちろん人類が滅びてもいいという考え方もありますが、人類が滅びたらダメだと考えたとしても、一定数の人間がいれば人類は生き残るわけですから、それ以外は死んでも問題ないということになります。そこには善悪も何もありません。それが倫理的にどうなのかというのは別の議論としてはありますが、結局人間はどうせ死ぬんですから、それはそれでいいのです。「そんな意見は嫌だから与《くみ》しない、弱い人間は助けなければいけない」と考えるのも自由です。そうしたければすればいいし、それに対して「偽善だ」とか言う必要もありません。助けたいから助ける人間がいる。それだけの話で、したくない人間やできない人間に強制することはできません。

とはいえ、多くの人間は、目の前で知人が倒れていれば助けます。人間は目の前の知人に対しては本能的にそうするように作られているからです。しかし目の前にいない他人に対しては、その限りではありません。そして目の前の人間以外も助けろといったことを他人に押し付けることはできません。**目の前にいない赤の他人を助けるといった「不自然」なことをしたいのであれば、それは「外の世界から命じられたため」とかそういった「不自然」、あるいは「超自然」な根拠が必要になります。**その声が聞こえない人間にとっては「はぁ？」としか言えませんよね。まぁ、そんなものです。

科学信仰の結末

今アメリカでは愛国心や家族が大切だという価値観が急速に減ってきているという話があります。ではそういうものを失って代わりに何が残るのかというと、お金であると。無神論化している欧米をはじめキリスト教世界の中で、家族の価値や信仰心が例外的に強かったのがアメリカでした。そのアメリカでさえ、そういったものがなくなってきている。私は愛国心なんてものはない方がいいと思っていますが（パトリオットですので愛郷心は人並み以上にあるつもりですが）、それすらもなくなってしまって、唯一残るのはお金だということです。

全世代の中でも特に若い人にその傾向が見られるらしいのですが、これは今まで信仰の遺産で食いつないでいた分がなくなってきたということを意味しています。自分自身に信仰がなくても、例えば人を助けるのは良いことだとか、そういう宗教に由来する教育を子供の時から受けていれば、そうはならないと思います。しかしそういったことを教えることもなくなり、代わりに役に立たない人間は助けなくたっていいじゃないかという風潮になってしまっている。そうやってどんどん無神論化していくのです。

ただ無神論化していくのが科学に重きを置くということですから必然といえば必然で、それで失うものもあると思いますけど、仕方ないことです。科学なんてそういうものですから。それがAIによって加速され、そこに世界情勢とかが絡んでくると、数年のうちに世界は滅んでしまうかもしれない。突然隕石が降ってくればそんなことは関係なく滅びるわけですから、まぁそれで仕方ないと思えるなら、それも悪くはないかもしれません。科学というのは起きたことがすべてで、起きることは起きるべくして起き、起きなかったことも起きるべきでなかったから起きなかった、ただそれだけで良くも悪くもない。それがすべてでその外には何もない。それが科学ですから。

JUMP

6

若者は老人から力を奪い、とりあえず結婚しよう

本書は生きづらさを抱えている、他人の目ばかりを気にしている、神という絶対的なものを信仰していないような若者に対して、人生の意味のなさを伝えながらもこうするとまぁ少しはマシになるということを私なりに考えながら講義してきました。全部実践すればよくなると私は信じて疑いませんが、なかなかすべてを実践してくれる人はいないかもしれません。講義も残り少なくなってきましたが、昨今の少子高齢化という状況を踏まえて、今回は喫緊の問題について書いてみたいと思います。

元気な老人から力を奪え

さて、若者が辛いと感じる理由の一つには将来の不安というものがあると言います。一分後に何が起こるかもわからないのに、将来のことを気にして不安になるなんてバカだなぁ、としか私は思いません。しかし、現在の若者が生きづらい、と感じるのも無理はないと思わないわけでもありません。現代は老人が無駄に元気で若者から今を生きる力を奪っているような状況があるからです。

年齢を重ねることによって人間としての能力が上がるかというとまったくそんなこ

とはなく、むしろ物覚えが悪くなったり体力が衰えたり、能力は低下するばかりです。しかし、そういう劣化した人間が、あらゆる組織で権力を蓄え、権力とそれに伴う利権を手放さず、その地位に居座っているのが今の日本、というか世界です。政府にしても会社にしても、上の方にいるのはだいたい組織の平均年齢を引き上げる年長者ばかりでしょう。歳を重ねれば経験が増えるなんて言われますが、別に大した経験をしているわけでもない人間が大半です。ましてやこの四〇年の日本の歴史は失敗に次ぐ失敗の歴史ですから、ほとんどの老人たちは失敗経験しかない、その責任者、いわば「戦犯」です。経験値さえもマイナスなら、老人なんて体力もなければ頭も半分ボケているだけですから何の価値もありません。

というより、仕事のできる老人もできない老人も、本来若者が活躍できる場所を奪っているという点では皆等しく有害です。むしろ仕事ができない老人の方が早く社会から退出しますから、仕事ができる元気な老人の方がより迷惑です。ボランティアならまだいいですが、こういう人間は高給を取って権力を握っているため、若者に仕事が回らないわけですから大迷惑です（高齢者は集団自決しろなんて発言して炎上した学者もいましたが、若い人が言うと角が立つので注意しましょう）。

老人の世話を元気な若者がしている老人ホームなんて最悪です。今はどこも人手不足と言われて大変なのにもかかわらず、老人の面倒を見るために若い人の力が取られているのです。雇用を創出しているという見方もできなくありませんが、これらの仕事はだいたい低待遇で、若者の貧困という問題に繋がっていたりもします。

ですからこういうことは老人同士でやればいいんです。比較的元気な老人が元気のない老人の面倒を見る方がまだ健全です。それで足りなければ死んでいけばいいだけです。若い方が体力だって欲望だって盛んなのは生物である以上当然で、そのためには金がかかると考えればそっちに金を使うべきです。老人からは権力も金も奪って若い人に回していくということをもっとやっていかなければいけません。

老人は病院に行くな

老人になるとみんな病院に行きます。少し身体が痛い、だるい、動きづらいといった理由をつけては病院に行く。病院には老人コミュニティができて「あの人最近来ないわねぇ、大丈夫かしら」なんて冗談のような会話が病院の待合室で老人同士の間でされていると言われていますが、本当にバカみたいです。そうやって最期はチューブに繋がれて液体を体内に流されながら、死に近づいていく。人間はチューブに繋がれて生きるようには制度設計されていません。**制度設計から外れたことをされると不幸になる**にもかかわらず、高い金をかけてまで、長生きしようとする神経が私には理解できません。

私は保険証を持っていません。大学をやめた時に国民健康保険もやめました。領域国民国家によるまやかしの福祉になど加担したくないので、保険から抜けました。死ぬのも生きるのも神様の思し召しですから。今は医療費が高すぎるので治療費が払えませんし、私はいろいろ持病を抱えていますが悪化しても病院にはかかりません。動けなければ動かない。時間が経って発作がおさまるのを待ち、なんとか動けるようになれば少しだけ仕事をする。治らなければそれまでです。もちろん健康診断も受けません。

今日死んでもいっこうに構いません。だから私は年金にも入っていません。そういった任意で加入するものは全部やめました。**そもそも老人になってからの将来の不安なんていうのはバカにも程がありますから、保険も年金も不要です。あとは死ぬだけ**

なんですから、どう生きるかよりもどう死ぬかを考えるべきなんです。

「長生きが良いことだ」というのは資本主義による洗脳です。資本主義は人口が多ければ多いほど発展しますし、老人が無駄な延命にカネを使ってくれた方が儲かるから、そのように仕向けているのです。書店にも老人生きがい本が大量に並べられていますが、あんなものはばかばかしい限りです。「置かれた場所で咲こう」みたいな老人生きがい本もありましたが、老人は置かれた場所で枯れればいいんです。どう枯れるか、どう死ぬかを考えることの方がよっぽど大切だし世のためになります。

ではどうして書店に大量の老人生きがい本が並べられるようになるのかといえば、老人が権力とお金を持っているからです。権力者は非合理な意思決定をしますし、下のものはそれに従わないといけなくなる。だから老人に権力を握らせてはいけないんです。多少役に立つとすれば下の世代の育成や、多少なりとも経験を生かして相談に乗ることくらいのものでしょう。あくまで決定権は下の人、若い人が持っていなければなりません。しかしそうすれば誰も言うことを聞いてくれないことを本当はわかっているので、老人たちは権力と金を手放さないのです。

だから社会保障なんてやめて、老人を病院に行かせないようにすればいい。多くの人からとれるだけ取って、しかもその恩恵を受けるのは一部です。保険なんて使わない人の方が多いわけですから、ほとんどの人は払うだけ払ってその対価を受け取れていないことになります。そんなものは払いたい人間だけが払う仕組みに変えて、払いたくない人からは取るべきではないんです。

助けたいと思う人間が助かってほしいと思う人間を助ける

イスラームの理想は生活に関する保障は国家ではなく社会の役割とされます。何も国家が保障することではなく、助けたい人が助ける、やりたい人間が勝手にやればいいということです。「働かざる者食うべからず」という発想もなく、働かず金のない人は助けてもらい続ければいい。反対に持てる者の責任が重いとされますから、例えばお金でいえば、持っている人間は浄財を支払う義務があります。このような考えが基本ですから、元々税金を取るという発想もありません。

助けたいと思う人間が助かってほしいと思う人間を助ける。助けたいと思われない人間は助けられずに死ぬ。それでいいんです。好かれる人間は助けられ、嫌われ者は一人で生きて死んでいくわけですが、そういう人生を自分で選んだんですからむしろ本望と思うべきです。ただ、部屋で孤独死されると、部屋が汚れるし「事故物件」になるし迷惑で困る人が出るので、何か楽しく死ねる場所を用意してそこで死ぬような仕組みはあった方がいいと個人的には思います。それは高額をかけて死にかけた老人にチューブを繋いで延命治療を施す病院ではなくて、他の場所であるべきです。

生きがいより死にがいを探せ

なぜこのような世界になってしまったかというと、領域国民国家というシステムと人の欲望を刺激し続けることで成長する資本主義という仕組みの掛け合わせによります。繰り返しですが、資本主義は人口が多ければ多いほど消費が増えて好都合なわけです。ただ、人間の社会を持続させていく、人類は滅びない方がいいと考えれば、老人は適正な年齢で死に、その代わりに新しい命が誕生するというサイクルが必要です。当たり前のことです。

現代は「生きていた方がいい」「人間は生きているべきだ」という前提ですべての物事が動いていますが、裏返せば「人間は死んではいけない」「死ぬのは良くないことだ」という考えがあります。ですが、人間は必ず死にます。例外はありませんから、そもそもの前提が間違っているのです。ですから特に、生物としての死に近づいている老人は「生きがい」ではなく「死にがい」について考えていくべきで、そういう価値観を広めていく必要があります。

若者は結婚しよう

老人が死ぬのは自然の理《ことわり》で悪いことでもなんでもありませんが、老人が死ぬだけで新しい命が誕生してこなければ人類は滅びてしまいます。そうならないためにも、若者はどんどん結婚してどんどん子供を産んで育てないといけませんが、そうはなっていません。

「適当な相手に巡り会わないから」「自由や気楽さを失いたくないから」「結婚後の生活資金が足らないと思うから」「必要性を感じないから」など様々な理由があげられて

います（国立社会保障・人口問題研究所「出生動向基本調査（独身者調査）」（2015年）参照）。

よく聞くのは「金がないと結婚できない」という思い込みです。これは嘘です。金がなくたって結婚はできます。**盛大な結婚式をやらなければいけないとか、結婚して子供ができたらできるだけいい教育を受けさせなければいけないとか、そういう西洋の考えに洗脳されているだけです。**金を使わせるように動いている社会からの洗脳に過ぎないのです。別に金がなくたって結婚できますし、子供だって育てられます。

また別に結婚相手はあなたが相応しいと思う人である必要はまったくありません。その裏には好きになって恋愛関係のプロセスを経て結婚するという考えがあるように思いますが、**そもそも愛とか恋とかはその時の気の迷いであり、ホルモンバランスが崩れた結果の錯覚でしかありませんから、気にする必要がありません。**戦国時代であれば、家のために顔も見たことのない相手の家に嫁ぐとかが普通でしたし、昭和でもよく知りもしない相手と結婚するといったことも一般的でした。もし誰かに押し付けられるのが嫌だったら、今では便利なアプリもあると言いますし、誰とでもいいから結婚すればいいのです。

人が人を好きになるのは、生物として自然なことで、そこから外れると生きにくくなります。どんな動物も子孫を残すために、それぞれの方法をとってきています。人間は結婚という仕組みを長い間採用してきました。当然それに則って生きた方が人間として楽に生きられるんです。

JUMP

7

自分がしたいこと、できることをしよう

ここまで本書を読んできてくれた皆さんならわかってくれていると思いますが、人間別に何をしたっていいのです。**何をしてもいいのに今あなたがもし不幸だと感じたり、生きづらいと感じたりしているのであれば、それは単に他人や社会が決めたやりたくないことをやっていたり、自分の能力ではできないことをやろうとしたりしているからです。**朝8時に会社に行くために死ぬほど嫌いな満員電車に毎日乗るのが嫌なら、仕事をやめれば解決しますし、毎日ゲームだけをして過ごしたいと思っているのであれば、そうすればいい。

「そんなこと言われても生きていくためには仕方ない」と言う人は多いと思いますが、何度も言っているようにお金なんてなくても日本でそれなりに楽しんで生きていくことは簡単です。昔と違って数百円払えば美味しいものがそこかしこで食べられるし生活保護もある。今や月額の動画サービスが乱立し、世界中で良質なドラマが日々アップされ、漫画も本も次々と新しいものが出る。そんなに大金がなくても楽しめます。

このような環境において、本当に嫌な仕事を不幸になってまで続ける必要はどこにもありません。何をしたっていいし、したくないことはしなくていいのです。

重要なのは、**「自分は何がしたいのか」「自分には何ができるのか」「自分は何をすべ**

きか」の三つを知ることです。

「何をすべきか」は存在しない？

「自分は何をすべきか」から説明しますが、これは善悪の問題で、善と悪があるから何をすべきで何をすべきでないかが分かれます。そしてこの善悪を何で区別するかというと、究極的には神、つまり信仰です。現代はどこも無神論化しています。「神はいない」という立場に立つなら「すべきこと」また反対に「してはいけないこと」というものは存在しません。私が「何をしてもいい」と言うのはそのような意味がありま す。

こういう話をすると、「だったら犯罪をしてもいいのか」と聞かれるんですがもちろん構いません。バレれば当然その国の法律によって裁かれますが、それだけのことで「犯罪をしてはいけない」という根拠はどこにもありません。バレなければなんの問題もありません。なぜならその法律自体が人間が決めたルールであり、そこには根拠がないからです。

一九世紀の終わりに哲学者フリードリヒ・ニーチェは「神は死んだ」という有名な言葉を残しています。直訳すると神が物理的に死んだという意味に見えますが、実際にはニーチェが指摘しているのは、科学の進歩や啓蒙思想の浸透により、神や絶対的な道徳の概念が社会においてその重要性や影響力を失っているということです。この時代はまさにヨーロッパにおいて自由や平等や博愛や民主主義、それらを含めた広い意味での産業資本主義が生まれ発展し、社会はそれに合う人間を作るように調整され始めていました。ヨーロッパのキリスト教世界において「すべき」という強制力を持っていたキリスト教の神の観念が、もはやこの時すでに権威を失っていたことをニーチェは言っているのです。

善悪を決められるのは神だけであり、それ以外はすべて好き嫌いの範疇で、**ほとんどの人間が「すべき」と思っていることは誰かから言われたこと、それは親だったり学校だったり社会だったりしますが、どれもがなんの根拠もない幻想です。**信仰を持たない人間にとっては「すべき」の根拠がありませんから、「何をしてもいい」ということになります。それだけのことです。

「何がしたいか」と「何ができるか」を考えれば幸せになれる

これに対して、「自分は何がしたいのか」「自分には何ができるのか」は事実の問題です。

心理学者であり精神科医のジークムント・フロイトは、人間の心理を理解するために「快楽原則」と「現実原則」を提唱しました。快楽原則とは、人間の行動が基本的には快楽を追求し、不快を避けるという欲望によって動かされているとする考え方で、飢餓、温度、恐怖などからくる不快を回避し、食べ物、温かさ、愛情などからくる快楽を追い求めます。子供は基本的にこの原則で動いています。「お菓子が食べたい」「公園で遊びたい」「楽しいから帰りたくない」とか、本能のままに生きている。

しかししばらくすると、「欲しい」と言ったのにもらえなかったなど、自分の要求が聞いてもらえないという現実を知ります。ここで出てくるのが「現実原則」です。これは社会生活を営む上で、すぐに快楽を得るための衝動を制御し、遅延させる能力を指します。つまり、快楽原則に従って即座に欲求を満たすことが不可能または不適切な場合、個人は現実原則によりその欲求を遅らせる、もしくは修正することを学びます。例えば、お腹が空いた時にすぐに食べ物を手に入れることができない場合、現実原則に従って待つことを学ぶ。一〇〇万円ほしいので時給一〇〇〇円のアルバイトを一〇〇〇時間する、というのも現実原則に沿った行動です。

つまり、**「何がしたいか」が快楽原則で、「何ができるか」は現実原則**です。話をまとめると、「神はいない」とする人間にとっては「何をすべきか」がありませんので、**「何がしたいか」と「何ができるか」を考えれば十分に幸せになれます。**やりたくないことをやったり、できないことをやろうとしたりするから不幸になる。まずは自分のやりたいことを知り、できることをしていきましょう。

補講

補講

1

自分に生きる権利なんてないことに気付こう

皆さんは「自分には生きる権利がある」と思っているでしょうか？　そんなことは当然だ、憲法でも基本的人権が保障されているんだから論じるまでもない、と思っているかもしれません。

人権というと、人間が生まれながらにして持っている基本的な権利を指す「自然権」と個人が健康で文化的な生活を送るために、社会全体や国家が提供すべき権利を指す「社会権」があると学校で習います。自然権としての人権は自由権、平等権、生命権などがこれに該当し、政府の介入や社会の制約から個人を守る役割を果たすとされる一方、社会権としての人権は、教育を受ける権利、健康で文化的な最低限の生活を送る権利、働く権利などを指し、政策や法律によって国家が積極的にこれを実現することを求めるものとされている、というのが、日本の義務教育でされる一般的な説明です。この説明を聞いて違和感を抱く人はあまりいないでしょう。

でもこの人権は、西欧の白人、しかもその中の一握りのエリートがご都合主義で勝手に決めたルールに過ぎません。厳密には自然権としての人権はギリギリ「存在する」と言ってもよいのではないかと私は思っていますが、社会権などというものは決して「存在する」とは言えません。

あなたには生きる価値も生きる権利もありません。あなたの生に意味がなく生きる価値がないのは新型コロナウイルス一個の生に意味がなく、生きる価値がないのと同じです。ウイルスは細菌と違って「生きている」とは言えない、という突っ込みはとりあえず今は無視します。あなたもあなたを形作る細胞も新型コロナウイルスも、生物学的には同じRNAを持つという点では「同じ穴の狢《むじな》」です。化学的には分子、原子、物理学的には素粒子の塊に過ぎないことは言うまでもありません。新型コロナウイルスと同じように無価値だと言われると腹を立てる人もいるかもしれませんが、腹が立つこと自体が、人権や人間の尊厳などという考えが不幸の元凶であることの何よりの証拠です。

人間が新型コロナウイルスと同じで生物学的にも化学・物理学的にも尊厳も価値も意味もない、ということは、新型コロナウイルスと同じで生物学的にも化学・物理学的にも何の罪も責任もないということでもあります。あなたが何をしようとも、逆に何もしなくても、どんな失敗をしても、誰にどんな迷惑をかけても、罪の意識も責任も感じなくてもいい、後ろめたさも疚《やま》しさも無用だということです。あなたの人生も新型コロナウイルスの生と同じように無意味で無価値なので、無責任で厚顔無恥でいいのです。

自分が生きる権利があるなどと錯覚するから、思うようにいかないと不満に感じるのです。たまたま空気があって太陽の光があって水があって、たまたま大地震にも大洪水にも巻き込まれず、隕石や雷の直撃を受けなかったから生きているだけの、生まれも育ちもすべてたまたま与えられただけで何一つ自分で創り出したわけではない、死んでも誰も困らない、大量のエネルギーを消費し二酸化炭素を排出する有害な存在でしかない人間にどうして生きる価値があるなどと勘違いできるのでしょう。新型コロナウイルスと選ぶところない塵芥のような存在なので、地球環境と人類に迷惑をかけていても良心の呵責、罪悪感を持たず、責任感も疚しさも覚えなくていいと思えるだけで十分です。

と、私にとっては人権など幻想に過ぎない、そんな妄想に取りつかれているから人は不幸になる、というのは真昼の太陽のように自明なのですが、初めて聞く人には、「はぁ～っ?・?」という感じかもしれません。実のところこれは哲学的に極めて難しい問題で、聞いてすぐにピンとこない人間には、一般人向けの啓蒙書では論じ切るには紙数が足りません。そのうえ今の日本人は子供の頃から学校で先生たちから人権教育などというロクでもない時間に「人間には人権がある」と騙されて洗脳されて嘘を信じ込まされています。洗脳というものは解くのが難しいので、できるなら深入りしたくないのですが、現代人が間違った生き方を強いられている主要な原因の一つなので、少し長くなりますが、できる限りわかりやすく説明するように頑張ってみます。完全に納得、同意できなくてもいいので、読むだけ読んでみてください。気になるようなら近々作品社から出版予定の『神論』の中で詳細に論じているので、そちらをお読みください。では説明を始めましょう。

「権利が」「ある」とはどういうことか?

「権利が」「ある」とはどういう意味でしょう。

今流行りのLGBTの同性婚問題を例にお話ししましょう。生物学的にはY染色体が人間を男性にすることがわかっており、性染色体がXXの人間が女性、XYの人間が男性、というのが定型です。ただし染色体の異常や、ホルモンの異常でXXでも精巣をはじめとする男性器が生じる場合、XYでも精巣など男性器が生じない場合、性染色体からも性器の外見からも生殖能力からも性の決定が困難な性分化疾患のような非定型も存在します。

文化的、歴史的に細かい違いはありますが、古今東西を問わず、性には男性、女性、それに男性とも女性とも決定できない非定型な性という三つのカテゴリーが知られています。非定型は、日本語では「ふたなり」、アラビア語で「フンサー」、ギリシャ語で「アンドロギュノス」などと呼ばれてきました。

ある人間が男性か女性かふたなりであるかは、原理的に真偽が決定できます。男性器だけがあれば「男性」、女性器だけがあれば「女性」、どちらもある、あるいはどちらかわからないものがある、あるいはどちらもない場合は「ふたなり」ということになります。

では同性同士に結婚する「権利が」「ある」とはどういう意味でしょう。

「男性Aと男性Bに結婚する権利がある」という言葉は、Aさんに女性器があるか、男性器があるかどうかわからなければ、そもそもAは男性でないので間違いになります。同じようにBさんに女性器があるか、男性器があるかどうかわからなかった場合もやはりBが男性でないので間違いになります。ではAが男性でBが男性であることが事実であった場合、二人に結婚する「権利がある」という言葉が真になる「事実」とは何で、偽になる「事実」とは何なのでしょうか。

一見、簡単に思えます。普通は深く考えることなく、法律に照らして判断すればいい、といえばとりあえず大きな問題は生じません。権利が法律で定められていれば真で、定められていなければ偽になります。日本では最高法規である日本国憲法第二十四条第一項に「婚姻は、両性の合意のみに基いて成立し、夫婦が同等の権利を有する」と明記されています。ですから、AとBが男と女、あるいは女と男であれば、民法第七三一―七三六条の禁止条件に当てはまらない限り、同七三九条の定める届出が七四〇条の定めにより受理されることで結婚する権利を有することになります。逆にAとBが男と女、あるいは女と男でなければ婚姻は成立しませんから、AとBには婚姻の権利はないので、「男性Aと男性Bに結婚する権利がある」という文は偽ということになります。

しかし問題はそう簡単ではありません。この例だとAとBが民法七三一―七三六条などで定められた婚姻禁止事項をすべてクリアーしていて、七三九条の定めに従い必要項目をすべて正しく記入して婚姻届けを当局に届けたにもかかわらず、受理されなかった、あるいは受理されたにもかかわらず戸籍に婚姻が記載されず、何度抗議しても相手にされなかったとすればどうでしょうか。

婚姻の権利があるのに、実際には婚姻が認められなかったという事実は、「結婚する権利がある」という文を偽にするのでしょうか。それとも実際に婚姻が認められなかったという「事実」の方が間違っていて「結婚する権利がある」という文は依然として真なのでしょうか。

どんなに正当な理由なく婚姻が拒絶されても実際に結婚できなかったという「事実」は「結婚する権利がある」という文を偽にはしません。では「結婚する権利がある」という文が偽になるのは、AB両名の婚姻の権利を否定する婚姻成立の条件を変える法改正の「事実」だけなのでしょうか。

こういう考え方を「法実証主義（リーガル・ポジティヴィズム）」、あるいは「人定法主義」といいます。これはわかりやすい考え方ですが、少し考えるといろいろと不合理なことがでてきます。極端な例から考えていきましょう。極端ですが、実際に起きたことであり、私が実際にこの目で見てきたことです。読者の皆さんは、法とは国家が制定した法律で、人々の権利が保障され社会秩序が保たれているのは法律があるからだ、と思っているかもしれません。平和で豊かな日本で暮らしているとなかなか実感できませんが、それは幻想で、国家も法律もなくても、社会の秩序はちゃんと守られます。

話が長くなったので続きは次に回しましょう。

補講

2

国なんて信用するな

二〇二一年八月一五日、二〇年にわたって国際社会が支援してきたアフガニスタン・イスラーム共和国が一夜にして消滅しました。大統領が他の閣僚たちにも黙って国庫の金を持ち逃げし、海外逃亡し、元首を失った政府高官たちは一部は投降し一部は海外に逃亡し、抵抗する者がない首都カブールに反政府武装勢力タリバンが無血入城しました。誇張でなく一夜にして政府が崩壊しました。詳しくは拙著『タリバン復権の真実』（ＫＫベストセラーズ、２０２１年）をお読みください。

国家が消滅すれば、国家が制定した法律もいっしょに消滅します。それでは国家が消滅してアフガニスタンが無法地帯になったかというとそんなことはありません。むしろ腐敗した欧米の傀儡政権の治世よりも治安はよくなったぐらいです。それから二年以上が経ちますが、タリバン政権を国家承認する国は一つもなく、国際法上アフガニスタンに国家は存在せず、国連による不当な経済制裁により、アフガニスタンの民衆は貧困に苦しめられていますが、アフガニスタンは今も平和です。

もう一つ実例をあげるとイスラーム国です。イスラーム国はイスラーム法に反する国際法も、国連も認めませんから、当然、どこの国からも国家承認されていません。しかし国連からテロ組織呼ばわりされたイスラーム国が無法地帯だったわけではありません。タリバン政権下のアフガニスタンと同じで人々の間では普通の生活が送られていました。私は何度もイスラーム国に入っていますが、市民生活は平和そのものでした。私がイスラーム教徒だから安全だったわけではありません。一緒に行ったイスラーム教徒でない日本人の戦場カメラマンも一切危害を加えられることなく無事に帰ってきています。詳しくは拙著『イスラーム国訪問記』（現代政治経済研究社、２０１９年）をお読みください。イスラーム国の統治下のキリスト教徒との貴重なインタビューも収録されています。

話を元に戻すと、国の法律が「権利がある」と決めていることだけが「権利がある」という事実だとすると、国家がなければ法律もなく法律がなければ権利もないことになります。しかしアフガニスタンやイスラーム国での人々の暮らしはそうではないことを教えてくれます。

アフガニスタンやイスラーム国のような極端な例を出さなくても、外国のことを考えればわかります。フランスの有名な数学者ブレーズ・パスカルも言っています。

「緯度が三度違えば、すべての法律が覆える。子午線一つが真理を決定する。数年の領有のうちに、基本的な法律が変わる。一中略一川一筋によって限られる滑稽な正義よ。ピレネー山脈のこちら側での真理が、あちら側では誤謬なのだ」（福居純「パスカルにおける法と道徳」『一橋論叢』第60巻第6号1968年12月1日625頁参照）

同性婚についての世界の現状と「人権」

LGBTの同性婚の例に戻ると、法律論では、本来は日本では法律で認められていないので権利はない、でお終《しま》いなのですが、法に定められていないにもかかわらず「権利がある」という主張があります。法実証主義（人定法主義）は既述の通り法哲学的に問題はありますが、客観的に議論ができる、というメリットがあります。つまり法に定められていない権利を主張する人たちは、事実から目を逸らせ、自分たちのイデオロギーを押し付けるための印象操作に余念がないので気をつけなければなりません。

例えば同性婚を推進する「NPO法人EMA日本」は、「世界の同性婚」という見出しで実際に同性婚が認められている国・地域は三六（国連加盟国の約18%）に過ぎないにもかかわらず、世界の国・地域の約二二%「に及んでいる」と、あたかも多数であるかのような印象操作を行い、「同性婚やパートナーシップ制度を持つ国のＧＤＰは、世界全体の約五五％を占めています」と同性婚と豊かさが密接な関係があるかのような書き方をしています。しかし実際には同性婚を認めている三六の国・地域は台湾を除きすべてキリスト教文化圏の国であり、豊かな国が多いことは同性婚推進がむしろ世界を植民地化し搾取してきた欧米キリスト教文明による世界の文化植民地化政策の一環であることが読み取れます。

実際には『ナショナルジオグラフィック』によると二〇一六年現在で国連加盟国の三七％の七三カ国では同性間の性行為は犯罪であり、イラン、スーダン、サウジアラビア、イエメンでは極刑が定められています（「地図で見るＬＧＢＴ違法の国、合法の国」２０１６年６月22日付）。つまり同性婚は認められている国よりも犯罪である国の方が多いにもかかわらず、欧米諸国のＬＧＢＴ推進団体は、他国の内政に干渉し他国の伝統や宗教を侮辱するだけでは飽き足らず犯罪行為を推奨している、というのが事実です。そしてその際に口実に使われるのが「人権」です。

人権は普遍的権利などと言われますが大嘘です。一八世紀のアメリカ独立戦争やフランス革命あたりの欧米で人権概念が法制化されたといったことが言われますが、それは人権ではなく、白人男性の有産市民階級の権利でしかなく、女性や奴隷などは排除されていました。単なる言葉としても人類一般の権利を指すhuman rightsの語が登場するのは、一九四五年の国連憲章が初出だと言われています（鈴木剛「人権概念の歴史的展開と人権教育の課題」『愛知教育大学教科教育センター研究報告』第21号1997年3月97頁参照）。

要するに「人権」などというものは普遍的でもなんでもない、近代西欧ローカルの思想でしかなく、思想史的に「人権とは自由権を起点とする国家からの自由を指導理念とする人間の権利」です。それは国家ができる前から人間に生得的に備わっているものです。それには生きる権利が含まれ、その中には財産権も含まれます。この場合の「権利」は国家から与えられたものではありませんから、自分の力でできることです。つまり思想史的な人権の起点である「自由権」とは、もともと自分が持っていたものを国家によって奪われてはならない、ということなので、国家が決めたルールではなく、生の「〜すべき」との規範的なものというより、何かが「実際にできる」という「生《ナマ》の力」の「事実」に近いものです。

自然権における自由とは「〝自分で〟実際に○○できる」能力のこと

何かが「実際にできる」という「生の力」の「事実」に近いものを国家が奪ってはならないとは、例えば自分が自分の縄張り（所有地）の中で作って巣（家）に蓄えていたものを、国家が没収してはならないということになります。しかしもともと自分の家も持てず財産もない人間には「無一文である自由がある」だけです。女性、子供や奴隷が自由人男性の持ち物扱いだった古代ローマはそういう社会でした。

中世の西欧は封建社会でしたので、奴隷や農奴だけでなく自由農民も領主の荘園に縛られていました。自然災害や戦争などによる不作で土地を失い窮乏化した労働力が都市に流れ込み安価な労働力になったことで近代資本主義が成立した、といったことは、読者の皆さんもどこかで聞いたことがあると思います。大日本帝国憲法でも第二二条で移転と居住の自由が認められました。しかし中国では現在でも農村戸籍の国民は都市に自由に戸籍を移すことができず社会保障や大学への入学などで様々な差別を受けています。

これは権利の本質を考えるのに格好の例になっています。人は健常者であれば自由に動くことができます。「ＨＯＰ⑦寝よう」で述べた通り、動物行動学が教えるところでは、人間の縄張りはだいたい「一・二〜三・五メートルの社会距離」です。そして霊長類の中でも人間は家族を作るタイプであり、ホモサピエンスは約二〇万年にわたって狩猟採集民として生きてきました。なお一家族四〜三〇人ぐらいの数家族〜十数家族からなりその中でキャンプ地からキャンプ地へと移動を繰り返す一定の遊動域（居住地・home range）をもつ集団をバンドと呼びます。近隣のバンドとの間で結婚相手を探すので、これらの複数のバンドが一つの通婚圏＝地域社会を形成します（安藤文四郎「協力の起源と進化（二）――バンド社会の遺産――」『関西学院大学社会学部紀要』１２３号 ２０１６年３月15日45‐46頁参照）。霊長類学者の山極寿一によると人間の場合、狩猟採集民の平均的な地域社会（集落）の規模は約一五〇人と言われています（山極寿一「自然人類学からみた家族の起源とその役割 ――共感を育む共食と共同の子育て――」『政策オピニオン』No.１８６ ２０２１年２月１日2‐3頁参照）。

人間の個体の社会距離が一・二〜三・五メートルだとすると、この地域社会が人間集団の縄張りと言えるでしょう。縄張りを侵されると、動物は強く抵抗し命懸けの戦いになることも珍しくありません。ですから、他人の縄張りに入るのは、ある意味、「不法侵入に対する物理的／身体的《フィジカル》な制裁」があるので、「自由」とは言いにくそうです。ですので、この一五〇人ぐらいが住む地域社会（村）に「余所者」が入る時は、「縄張り荒し」と警戒されるので、そういう場所に紛れ込んだ際は通り過ぎるのが無難です。

「獣道《けものみち》」というものがあります。山林であっても動物が歩く場所は自然と決まってくるもので、そこが踏み均されて獣道ができます。獣道の中でも人が踏み均《なら》した道が人の道になります。「僕の前に道はない僕の後ろに道は出来る」（©高村光太郎）というわけです。道は人間だけでなく動物さえも通るものですから誰のものでもありません。とはいえ人が住みつくものでもありません。人が通る道であれば、普通は突然終わりになることはなく、歩いて行くと人が住む集落に繋がるものです。「すべての道はローマに通ず」です。

人間は健常者であれば随意運動で歩き回るものです。幼児を見ていればわかります。なんだかよくわかりませんが、笑いながら駆け回っています。無理やり押さえつけると泣きだします。好きなところに歩いて行くことは、人間の本性に基づきます。といっても人間が生理学的に動き回るように作られているとしても、糸の切れた凧のようにどこかに行ってしまうわけでもありません。子供も走り回っていても知らないところには行きません。家に戻ってきます。動物行動学的には帰巣本能と言われるものです。

何が言いたいのかというと、好きなところに歩いて行くのは人間の本性ではあるけれど、霊長類の一種としてそれなりの行動パターンがあります。それが近代西洋では「都市の空気は自由にする」というドイツの諺にあるような自由都市をモデルに、封建領主が市民の自由な移動を力ずくで禁じてはいけない、という新興市民階級の思想が、「人間には生まれながらに自由な移動の権利がある」と表現されるようになった、ということです。

「人間はもともと自分の足でどこにでも行ける」という「事実」が、「移動の自由」の基底にあります。そしてその上で人間はそもそも小集団（バンド）で行動する動物であり、個人レベル、集団のレベルでの縄張りがあり、互いの縄張りを侵すと闘争になるとか、人間には帰巣本能がある、などの一定のルールがあるという前提で、「人間には移動の自由がある」、それは「生得の権利」であると言われるわけです。そこでは他人の住居に勝手に踏み込んだり、余所者がいきなり見知らぬ人々の集落の「餌場」を荒したりしたら報復される、といったことは前提です。それに「自由にどこでも行く権利がある」というのは「自分で行けるなら、どうぞご自由に」ということであって、「行きたいところへ行くという個々人の願望を他の人間たちが叶えてやる義務がある」ということではありません。基本は「健常者で歩いて行けるなら道をどこまででも歩いて行ってよい」ということであり、「歩けないから、背負っていけ、馬車を用意しろ、猛獣や夜盗に襲われるのが怖いから護衛をつけろ」と要求できるようなものではありません。途中で糧食がなくなって餓死しても自己責任です。

日本には戸籍がありますが、日本国内であればいつでもどこでも無条件に移すことができます。しかし中国では都市戸籍と農村戸籍の区別があり、戸籍を自由に変えることはできず農村戸籍の者は都市に移住することができず都市に出稼ぎに行くにはビザが要るし、都市の学校、大学に子供を入学させるのも大変です。中国に比べると日本では移動と居住の権利が保障されており、自由にどこにでも移住する権利がありま す。ただ移動と居住の権利があり、沖縄の住民が東京に戸籍と住民票を移して移住することができると言っても、沖縄から東京まで行くお金がなければ実際には移住できません。私には東京に移住する権利があるから交通費を出せ、とか東京に家と仕事を用意しろ、と政府に要求できるわけではありません。

東京まで自分で交通費を出して行くことができ、そこで仕事を見つけて家を借りて暮らすことができるなら、国家はそれを禁じてはいけない、という意味です。

つまり自然権とは人はその本性に基づく行為は「できるなら」してよく、国家権力はそれを妨げてはならない、しかし物理的／身体的、経済的に「できない」なら仕方なく、またそれを行ったことで蒙《こうむ》った損害は本人の自己責任となる、ということです。自然権というのは、「〜すべき」という規範的な概念というよりも、「〜ができる」という能力に近いものなのです。

補講

3

社会権なんて言葉に騙されるな

歴史的には、この「自然権」を「持つ者」の、つまり「力（体力、知力、財力など）のある者」が「国家に邪魔されず〜する自由」についで、「持たざる者」が「国家によって与えられる〜ができる請求権」である「社会権」が出現します。社会権が初めて明記されたのは一九一九年のドイツ・ワイマール憲法と言われていますが、日本国憲法だと第二十五条の「すべて国民は、健康で文化的な最低限度の生活を営む権利を有する。国は、すべての生活部面について、社会福祉、社会保障及び公衆衛生の向上及び増進に努めなければならない」がその典型です。第二十六条の「すべて国民は、法律の定めるところにより、その能力に応じて、ひとしく教育を受ける権利を有する。すべて国民は、法律の定めるところにより、その保護する子女に普通教育を受けさせる義務を負ふ。義務教育は、これを無償とする」のも社会権です。

この「社会権」は国家に対する請求権ですから、近代国家ができる前には存在しなかったのは当然です。その意味で普遍的なものでもなければ人間の本性に由来するものでもないことは自明で説明を要しませんね。それでもわからない、という人はカルトに洗脳された信者と同じで救いようがありません。これ以上読み進めてもたぶん何も理解できないと思うので、ここで本を閉じるのが吉《きち》です。

「前近代はともかく、現代においては、社会権は普遍的人権と言えるだろう」とも言えません。日本国憲法でも生存権も教育権も国民限定です。国民限定な権利が普遍的であるはずがありません。ラオスやモーリタニアやスリナムから生活保護の申請が届いても無視されるだけです。日本国内にいる者でさえ、国民でなく、ビザがなければ不法滞在と認定し収容施設に死ぬまで監禁したりする国が認める権利が普遍的でないのもまた自明でしょう。

国際法ならどうでしょう。例えば国際人権規約は、原則として「国民」ではなく「すべての人間」が対象となっています。国連総会で採択され一九七六年に発効し、日本も一九七九年に批准しています。といっても実は全部を批准しているわけではありません。例えばB規約の第一選択議定書を認めていないので、日本人が日本国内で日本政府による人権侵害を受けた時に、国連の規約人権委員会に訴えることはできません。またB規約の第二選択議定書（死刑廃止議定書）も批准していません。死刑廃止は日本だけでなく、国連常任理事国でもアメリカ、中国、ロシアと過半数が認めておらず、世界最大の人口を有するインドも認めていません。事実としては現代においても社会権は言うまでもなく、自由権さえも絵に描いた餅に過ぎません。

人間が平等なのは「人間である」ことにおいてのみ言える

人権は虚偽ですから、本当のところは、人権をめぐる議論はすべて間違っているので、そのすべてを論じていてはキリがありません。二つだけ根本的な問題を論じておきましょう。国際人権規約はすべての人間の平等で奪いえない権利を認めると定めていますが、そもそも人間の平等という概念が根本的に間違っています。すべての人間は、身長、体重、ＤＮＡ配列などあらゆる属性のすべてが違っています。あらゆる人間はあらゆる点ですべて異なっています。

もしも人間が平等だとすれば、それは「人間である」ということにおいてのみであって、それ以上でもそれ以下でもありません。人間が人間であることにおいて平等だからといって、人間の男女が平等である必要もなければ、人間を肌の色の違いによって差別してはいけないということにもなりません。人間が人間性において平等であることに抵触する処遇とは、男女を差別し、人間の男性とサルの雄、カマキリの雄を人間の女性よりも優遇し、人間の女性を猿やカマキリの雌と同じように扱ったり、白人とシロクマとモンシロチョウを色が白いからといって、黒人より優先したり、黒人はツキノワグマやクロアゲハと同じように射殺して食べたり採って標本にしたりすることです。たとえ性別や肌の色の違いがあっても、人間は一括りに「人間」として扱い、人間の女性や黒人を男性や白人という人間の同類ではなく、同性や同色の猿や熊のような他の哺乳類や、カマキリや蝶のような昆虫の同類として扱ってはなりません。人類が人間であることにおいて平等である、とはそういう意味でしかありません。

そもそもあらゆる点でまったく違う人間をすべて同一視して平等に扱うことは不正以外の何ものでもありません。しかし人間の認識能力では個々人のすべての相違を網羅的に知り尽くすことは不可能です。それぞれが無数の差異を有する人類すべてに対して、無数の局面において、それぞれの諸属性の相違のすべてに定量的に対応する別々の判断、評価を下した上で、それらのすべてに適切な重みづけを与えた上で総合的に客観的に適切な処遇を割りあてることは、人間の情報処理能力ではまったく不可能です。

だから本当は誰一人同じ扱いはせずあらゆる場面で一人一人カスタムメイドの対応

をするのが最も公平で正当なのですが、それは普通はできないので、身長、体重のような物理的属性、性別、年齢、血液型、知能、人種といった生物学的属性、言語、宗教、職業、民族、財産をはじめとする文化的属性などの様々な属性が同じもの同士を一つのカテゴリーに纏めてそれぞれのカテゴリーごとに対応のマニュアルを作ることで世界の複雑性を扱い得るものにまで縮減しているのです。ですから現代世界ならば人類は八〇億通りにきめ細かく一人一人差別するのが本当は正しいのだけれど、それは不可能なので、纏めるのが簡単な属性を持つものを一つのカテゴリーに纏めて、そうしたカテゴリーの組合せによって人間の処遇をマニュアル化することで便宜的に間に合わせているのです。

以上のようなことを正しく認識しなければ人権に関する議論はすべて間違いになるのであり、実際に日本で流布している言説はみんな間違っています。

この世に正義などというものはない

そしてもう一つの本質的な問題は、国際条約にしろ国際規約にしろ、「国際」などと銘打っていても実際には人類の九九・九九％以上は蚊帳の外で一握りの官僚が拵《こしら》えたものでしかないということです。そもそも近代国家の法律というものはそういうものです。読者の皆さんの中で殺人罪、窃盗罪を知っている人がどれだけいるでしょうか。人を殺すこと、人のものを盗むことがいけないことだとはほとんどの人は漠然と知っていても、法律職にある人を除けば殺人罪や窃盗罪ですら知っている人はあまりいません。それも当然で日本では義務教育で、刑法や民法の基礎も習わないからです。国内法ですらそうですから、法であるのかどうか、あるのかないのかすらはっきりしない国際法など知っているはずがありません。

自分たちと価値観が違う者を未開人、野蛮人と貶《おとし》め、征服し力ずくで自分たちの価値観を押し付け洗脳し、逆らう者は奴隷化し抑圧し抹殺するのが西洋帝国主義列強のやり方です。実際には強要したものを、普遍的だ、人類共通の価値だと美辞麗句で飾り、無理やり相手が合意した体裁にしないと満足しない、押し付けがましさは、本当は自分が間違っていることを無意識に知っているからこそ、その心の疚しさを隠すためだと私は思っています。

イデオロギーを剝ぎ取って事実を直視すると、人権、特に社会権などというものは人間の本性に由来するわけでも普遍的でもなく、西洋帝国主義者の末裔《まつえい》たちのごく一握りの一部が自分たちの趣味を力ずくで無理やりに押し付けようとしているだけの文化植民地主義の一形態に過ぎません。

科学的には「人間」などというものは存在しません。「人間」と呼ばれているモノはその空間に存在する素粒子の集まりでしかなく、人間の行為と言われるモノも、物理法則に則った素粒子の運動でしかありません。最初のＬＧＢＴの例に戻ると、現代のリベラルたちがＬＧＢＴと表象するような人間が存在したのも事実なら、それを認める文化もあれば厳しく禁ずる文化もあり、それぞれの文化の中でも多数意見、少数意見、多様な考え方があったのも事実です。それは古今東西どこにも、殺人や強盗と私たちが呼ぶような行為があり、それを行う者もいれば、それを罰する者もおり、それについて多数意見から少数意見まで、様々な考え方があったのと同じことです。ＬＧＢＴが自然なわけでも禁ずる方が自然なわけでもありません。科学的にはすべてがなるべくしてなったことでしかありません。ＬＧＢＴを認める者が多数派の文化もあれば、禁ずる者が多数派の文化もありますが、多数派だから正しく、少数派だから間違っているというわけではありません。遺伝子疾患のアルビノが少数であっても、悪であって罰があるわけではないのと同じです。ＬＧＢＴに限りません。人権と呼ばれるモノもそれを奪われて苦しみの中で死ぬ者もいれば、人権を蹂躙しても栄華を極めて安楽死する者もいます。すべては素粒子の運動に過ぎません。

それだけが客観的事実であり、それ以外は真偽を客観的に決めることができない「主観」に過ぎません。私はこの宇宙を超えた神の存在と、神の定めた正義の法が存在することを信じており、自分の主観を他人に押し付けることは神の教えに反すると考えています。だから欧米人たちが彼らの国で何をしようと「自由権」的な意味で「自由」だと捉えています。しかし彼らが国家の権威を振りかざして同信の親密な仲間の生活圏を侵害するなら、それには抵抗するのも「自由権」だと思っています。ただし「自由権」とは請求権ではなく、能力ですので、自己の能力を見誤って国家権力の不当な侵害を撃退できると思って抵抗した結果、反撃され、殺されたり大けがをさせられたり、拉致、監禁、虐待されたりすることになったとしても、判断を誤った自己責任です。正義はこの世のものではなく、この世の終わりの後の神の裁きに委ねられるからです。

あとがき

この本が出る頃には、命があれば私は六三歳です。歳をとると時が流れるのが早く感じられます。二十年前のことどころか五十年前のことさえつい昨日のことのように思えます。すべては夢のようです。まぁ、もちろんほとんどのことは忘れているんですが。

一〇〇万年生きても一〇〇億年生きてもきっと同じです。何年生きようと人は皆どうせ死ぬのです。私が一〇〇億年後に死ぬとしても、今死ぬのとたいして変わらず、一〇〇億年前のことを昨日のことのように思い出し「あぁ、すべては夢のようだったなぁ」ときっと思い返すのでしょう。

ガリレオやニュートンらが創り上げた近代科学は、天上界が地上界とはまったく異なる神と天使の座などでなく、この宇宙のどこでも、この地球の上と同じ物理の法則が通用し、私たちが用いる数式で記述することができることを明らかにしました。一九六一年に世界で初めての有人宇宙飛行に成功したソ連のガガーリンは「どこにも神はいなかった」と言ったとされています。

その後、相対性理論と量子力学の発展に伴い現代の天文学は飛躍的に進歩し、私たちが観測できる宇宙の年齢は一三八億年ほどであり、この宇宙が光速を超えて膨張していることを証明しました。しかしどんな天体望遠鏡にも神や天使の姿は映らず、現代科学は宇宙のどこにも道徳法則が成立するような自然現象も見出すことができていません。

現代の物理学では一〇の二七乗メートル規模の宇宙の生成、一〇のマイナス三五乗メートル規模の素粒子の振舞について、誤差一〇の一五乗分の一という精度で知ることができます。しかし宇宙のスケールと素粒子のスケールの間のヒューマンスケールでは事情は異なります。

人間の直観に反する様々な不思議な現象が起きる相対性理論や量子力学を持ち出すまでもありません。古典力学でも局所的にも相互作用する物体が三つになるだけで微小な初期条件の変化が結果を大きく変える三体問題、マクロなレベルでは「蝶が羽ばたくことで世界のどこかで竜巻が発生する」という微小な変化がシステム全体に及ぼすバタフライ効果が知られています。

三体問題、バタフライ効果は複雑な非線形システムの予測困難性を研究するカオス理論の例になります。人間の行動や社会の動向は個体差の大きな多くの要素や相互作用の複雑なネットワークが織り成すシステムであり、カオス理論が当てはまるような事象が数多く存在するため、ヒューマンスケールの人文科学や社会科学では精度の高い予測や予想は困難です。

人文科学や社会科学の理論を持ち出すまでもありません。二〇一九年一二月に初めて報告された新型コロナウイルス（COVID-19）は瞬く間に世界中に拡散し、人々の生活を一変させたことは記憶に新しいと思います。世界各地でロックダウンが行われ、輸送、交易、移動のネットワークが寸断され、経済、政治、教育、医療、福祉、文化のすべてが変わりました。

日本でもアベノマスク騒ぎから始まり、様々な愚行が繰り返される狂騒曲が演じられました。二〇二〇年五月九日から二〇二二年一月二一日までの約二年九カ月の間に新型コロナに感染して亡くなった人が六万四四三〇人だったのに対して、第八波では二〇二二年一二月一日から二〇二三年一月二一日までの二カ月弱の間に一万五三九九人が死亡しています。また二〇二二年には超過死亡数が約一〇万人で、発表されたコロナ死者の約四万人と比較し超過死亡との差が約六万人もありますが、この多くがワクチン接種の副反応による死亡を含むコロナ関連死者と推定されています。[*1]

コロナ禍では、医学、経済学、社会学をはじめとする科学・技術者、政治家、官僚、メディアなどが総動員されましたが、二〇二三年七月の時点で振り返ってみると、彼らの予測、予想がことごとく外れ、対応が的外れだったことがわかかります。

また二〇二二年二月二四日のロシアによるウクライナ侵攻は、欧米の介入により世界全体を巻き込み、第二次世界大戦後の世界秩序を根底から覆しつつあります。二〇二三年六月二四日にロシアの民間軍事会社ワグネル代表プリゴジンがモスクワに向けて進軍しロシア空軍パイロット十数人が死亡した武装反乱を筆頭に局地的な戦局のレベルでも、マクロな国際関係において刻々と変わる同盟関係、外交・財政・軍事支援の実状のレベルでも、マスメディアや研究者は言うに及ばず、戦争の直接関与国の諜報機関や軍司令部、首脳でさえも事態の推移の予想どころか現状の正確な把握すらできていないことが明らかになっています。

コロナ禍は新型コロナウイルスに感染したコウモリと一人の人間の偶然の接触がすべての始まりであり、ウクライナ戦争はロシアのプーチン大統領の一瞬の決断がなければ起きませんでした。まさにバタフライ効果です。コウモリに接触した人間、プーチンがその瞬間にバナナの皮を踏んで滑って転んで頭を打って死んでいれば、コロナ禍もウクライナ戦争もありませんでした。まぁ、バナナの皮はあまり良い喩えではありませんが。

なぜこんなことを延々と書いているのか、ひょっとして疑問に思うかもしれません。科学の進歩によって素粒子からなる物質の組成が明らかになり、今では誕生から現在に至る宇宙像を物理法則に従うそれらの物質の運動として、誤差一〇の一五乗分の一という正確さで記述することができます。

そしてこの科学の時代、学校の生物や化学の授業で習ったことは全部忘れてしまっていても、人間が物理法則に従っていることを否定する者はほとんどいないでしょう。読者諸賢の中にも、ウルトラマンのように引力に逆らって空を飛べたり、質量保存則を無視して浅見弘子分析官のように巨大化できると信じている人はいないと思います。

私たちは素粒子の集まりに過ぎず、自動車や靴や扇風機やミミズやオケラやアメンボと同じように厳密に物理の法則に従います。人間は言葉を話すじゃないか、といえば、今時は靴はまだしゃべりませんが気の利いた自動車や扇風機は話ぐらいしますし、ChatGPTは私より人間らしい文章を書きます。

人間が物理法則に従うただの素粒子の集まりに過ぎないなら、私たちの行動も思考も感情も生も死もただそれらの素粒子の集まりの振舞いの集合でしかありません。ただ素粒子の離合集散の結果としてたまたまある時点で一時だけ人の形を取った後に離散して消滅するだけの存在です。すべては物理の法則に従って起きるべくして起きるだけであり、なんの目的もなく、何の意味もありません。私たちがその推移を知ることができないとしても、それは科学がまだ発達していないからであって、私たちが十分科学的になればやがては科学がすべてを解き明かすことになります。

そうであれば、私たちが何をしようと、あるいは何をしなくても、すべてはなるようになるだけで、いちいち悩むだけ無駄だということになります。太陽に「熱いのは怪しからん」と言っても、太陽も好きで燃えているわけでもないので怒られる謂われはなく、また怒られたからといって核融合反応を止めることができるわけでもないのと同じことで、人間の言動も起こるべくして起こったことを「怪《け》しからん」と断罪しても、逆に「素晴らしい」と賞賛しても意味はありません。

もちろん、太陽がそれで涼しくなるわけでなくても「怪しからん」と怒って怒鳴っても、それもまた起こるべくして起こるのですから、別に構いません。科学的、客観的に善も悪もなくても、主観的に良いと思えば良いと言ってもいいし、言いたくなければ言わなくてもいいし、ポリコレを気にして嘘をついても構いません。

何をしてもなるようになるだけですので、すべては許されています。相手が太陽でなくて人間でも同じことです。気に入らない人間に「お前はクズだ死ね」と言っても、その相手が強姦、強盗、殺人など悪の限りを尽くした凶悪犯などではなく、イケメンでスポーツ万能で良家の子弟で品行方正で優しく親切で正義感が強く非の打ち所がない人気者で自分の片想いの相手を恋人にしたのに嫉妬して八つ当たりで言ったとして、その言葉を気に病んで自殺してしまっても、なるようになっただけですので、許されるということです。

もちろん、それで自殺した相手の恋人に恨まれて殺されたとしてもそれもなるようになっただけなので、その恋人も許されますが。たぶん、裁判所はその恋人を殺人罪で処罰するでしょうが、裁判官も許されるのは当然ですが、その恋人も投獄され処罰されようとも本人が悪いと思っていなければ罰は不愉快でしょうが、良心は痛まないのですから、やはり許されているのです。

しかし逆に言えば、客観的な善も悪もなくすべてが主観である場合、自分の良心が痛めば、法律を犯さず世間の誰も責めなくても、誰も自分を許すことができないということです。人間が素粒子の集まりで物理法則に従って運動しており、すべてがなるようになるだけで客観的な善悪は存在せず、すべてが許されている、ということは何事であれ許されることはない、ということでもあります。

両親であれ、先生であれ、友達であれ、スクールカースト上位者であれ、恋人であれ、会社の上司であれ、大学教授であれ、宗教家であれ、裁判官であれ、国家元首であれ、あるいは匿名の世間であれ、民族であれ、人類であれ、悠久の宇宙の中で一瞬で消え去る芥子粒のような無に等しい有限な存在でしかないものの主観は、時間を超えて客観的に実在する善悪の基準になりません。だから善悪は主観でしかない以上、本人自身が良いと思う以外に、この世の何ものの主観もその主観的罪が悪ではないと客観的に正しい宣告を下すことはできません。

疚しい良心に「あなたは許されている」と安心と救済を与えてくれる者はどこにもいません。だから現代科学が正しく人間の素粒子の集まりの振舞いでしかないということは、すべては許されている、ということでもあり、自分自身が自分を肯定しない限り、自分を許してくれる何者も宇宙のどこにもいない、ということでもあります。

自分が「進学もできず、就職もできず、バイトも見つからない上に障害者認定も受けられず、恋人もできず、家族からも厄介者扱いされ、誰からも必要とされず誰にも愛されない生きる価値もない死んだ方がいいクズで生きていることが許されない」「光合成もできずエネルギーを消費して二酸化炭素を排出するだけの有害無益な穀潰しで生存が許されない」と思ったなら、他の誰がなんと言って慰めようとその人を許すことはできないのです。

だから、「自分で自分を好きになろう」「自分を救えるのは自分だけ」といった「ちょっといい話」風に纏めたいわけではありません。いくら自分で自分を肯定しようとも、その人間が「クズ」や「穀潰し」であることは何も変わりません。それは殺人鬼や強盗や強姦魔でも同じことです。そんなことをすれば、何をやってもそれはそうなるべくして起きたのだから構わないというサイコパスの居直りを正当化するだけに終わりそうです。

むしろ普通の人は、自分たちの行動のすべては物理法則に従って起こるべくして起きた素粒子の無意味な運動でしかなく、気に病んでも仕方なく、自分を許せるのは自分だけだから、自分で自分を褒めて気楽に楽しく生きるのが吉《きち》などとは思いません。

悠久の宇宙となど比較せず、手近なところで手っ取り早く承認欲求を満たそうとするものです。友達や恋人に褒めてもらったり、マウントを取ったりするのも、SNSで「いいね」をもらってバズろうとするのもそうです。私はよく知りませんが、飲み屋で酔って上司の悪口や愚痴を言い合って憂さを晴らして傷を舐めあうのも、キャバクラやホストクラブで金を払って承認欲求を満たすのもよくあるパターンのようです。野球やサッカーや電子ゲームなどのコミュニティ、アイドルの〝推し活〟といった「他愛ない」趣味で承認欲求を満たす場合もあるでしょう。

また政治や宗教などの組織に属する活動家になって、指導者と仲間からの賞賛、あるいは政治的、宗教的大義への献身による自己陶酔で承認欲求を満たす場合もあれば、自ら指導者になって信奉者から熱狂的に崇拝されることを求めることもあります。

現代は、世俗化した西欧文明が世界を制覇し、宗教に代わって科学が人々の信ずるドグマ、僧侶に代わって科学者が人々のひれ伏す権威になり、合法的暴力を独占する国家権力と結びついて人々を支配する時代です。

人間の生を物理法則に従って動くだけの目的も意味も価値もないただの素粒子の離合集散と割り切ることができず、主観的な価値観を錦の御旗の様に掲げてそれをヒステリックに他人にも押し付けることでしか自分の承認欲求を正当化できない中途半端な科学信仰と物質主義が、現代人の神経症的状況です。

では私たちを待っている未来は、皆がもっと「科学的」になって物理法則のなすがままの素粒子の集まりとして科学的に記述される通りに行動することで「善悪の彼岸」に到達することなのでしょうか。そうとは言い切れないと私は思っています。

もう一度、バタフライ効果を考えてみましょう。バタフライ効果は日常の常識が通じない現代物理学ではなく古典力学の理論でした。「バタフライ効果」の名前は蝶の羽ばたきで世界のどこかで竜巻が起こることに由来しており、蝶の羽ばたきというほんの小さな動きが予測不能な巨大な竜巻を引き起こすことを意味していました。

コロナ禍もウクライナ戦争も、一人の人間の偶然の動きが世界中の人々の運命を大きく変えました。学級閉鎖、リモートワークだけではなく、物価が上がったり、欲しいものが店から消えたり、読者の皆さんも日常生活の中で実感しているはずです。私たちはその発生を予測できなかったのは言うまでもなく、その推移さえもまったく理解できませんでした。それは私たちが現代科学の最先端の知識を十分に咀嚼できていなかったからでしょうか。

私はそうではないと思います。コロナ禍もウクライナ戦争もヒューマンスケールの出来事です。私たちにとっては重要な出来事も素粒子のレベルでは誤差の範囲に過ぎません。コロナ禍やウクライナ戦争がグローバル（地球規模）な出来事だといっても、物理的には地球の表層の些末事に過ぎず、地球内部には影響を及ぼさず地球全体の素粒子の運動の中では誤差の範囲でしかありません。

約六六〇〇万年前に地球に衝突し恐竜を滅ぼし当時の全生物種の七五％を絶滅させたと言われる直径一〇キロメートルほどの小惑星は原子爆弾一〇〇億個分の威力があ

ったと算定されています。[*2] それにしても生物レベルでさえ二五%は生き残ったのであり、地球規模ではマントル層や地核への影響などほとんどなかったと考えられます。原子爆弾一〇〇億個分の威力の隕石の衝突ですらその程度ですから、ウクライナ戦争が全面核戦争になったとしてもその地球の運行への影響はやはり誤差の範囲でしかないと言えるでしょう。

現代科学は一〇の二七乗メートル規模の宇宙の生成、一〇のマイナス三五乗メートル規模の素粒子の振舞いについては、誤差一〇の一五乗分の一という精度で知ることができます。しかしその間にあるヒューマンスケールの事象についてはどうでしょうか。私見ではヒューマンスケールでのバタフライ効果のようなカオスは現代科学が有効な射程に入っていません。

まず、バタフライ効果から考えましょう。蝶の羽ばたきという微小な変化が地球というシステム全体に及ぼし、竜巻のような予測不能な大きな影響を引き起こす、という話です。ここには要素として人間は登場しませんが、バタフライ効果に意味を与えているのはまさに人間の視点です。

宇宙全体のレベルでは蝶の羽どころか地球でさえも無限小として無視できるほどの微小な存在です。また素粒子のレベルでは蝶でさえ素粒子の集まりでしかなく蝶の周囲の空気中の素粒子と蝶の体内の空気中の素粒子と蝶の素粒子に違いはなく、蝶などというものは存在しません。蝶を蝶と識別するのはあくまでもヒューマンスケールの動物の視点です。ただの空気の渦でしかない竜巻もなおさらです。

蝶の羽ばたきが地球のどこかで竜巻を引き起こした、というのは、「AがBでCを殺した」という人間の道徳的因果法則の発想によるものです。物理学的には、素粒子は確率的な波動関数として存在し、光円錐の範囲内で相互作用しているのであり、「蝶の羽ばたき」が「竜巻」を「引き起こした」などというのは人間の視点でしかありません。蝶の素粒子は地球の無数の素粒子と相互作用しているだけであり、どこにも特別なカオスなど存在しません。

バタフライ効果は力学系のわずかな変化がその後の系の状態を大きく変えてしまう現象の例としてあげられますが、それはあくまでもヒューマンスケールの人間の視点からの話です。蝶の羽ばたきから竜巻ぐらいは起きることがあっても、大陸が海没するような生態系自体を根本的に変えてしまうような大きな変化は起きることはなく、ましてや地球が爆発するという太陽系レベルでの変化の遠因になることもありません。

議論が抽象的で難しくなりましたので、もっと生活に密着した具体的な話をしましょう。読者の皆さんにとっては太陽の寿命が後およそ五〇億年だとかいう話より、今日をどう楽しく生きるか、という問題の方がずっと切実だと思います。読者の皆さんが確実に自分で今すぐに真偽を確認できる話をしましょう。「世界は五分前に無から創られた可能性を否定できない」という「世界五分前創造説」という哲学の議論がありますが、そんな晦渋な議論ではありません。

皆さんは今この本を読んでいますね。今から五分前にあなたは今あなたが考えていることを知らなかったはずです。もし五分前にあなたがここまで読んで今思っていることを知っていたというなら、ここでこの本を閉じてください。そうでなければ次の問題です。今から五分後にこの本を読み進めたあなたは何を考えているか予想してみて下さい。

本書は①ＨＯＰ②ＳＴＥＰ③ＪＵＭＰの三段階の構成になっていますが、①ＨＯＰ

の目的は、科学的に宇宙には目的も意味も価値もがないことを知ること、②ＳＴＥＰの目的は自由な自分など存在しないことを知ること、③ＪＵＭＰの目的は、宇宙には外部があり、「自分」とはその外部との接面であることを知ることです。そして自由な自分など存在しないことを悟ることが、宇宙の外部へと目を向ける鍵なのです。

さて、そろそろ五分経った頃です。あなたが五分前に予想していたことは当たりましたか。もし予想できていたのなら、あなたはもう既に鍵を手にしているのです。あとは、ただ外部からの声を待つだけです。もうこの本は閉じて構いません。もちろん、最後まで読んでもらっても構いませんが。

もし予想できていなかったのなら、あなたは自分が自分の自由な意志で考えている、という幻想に囚われていたということです。そして五分前の時点で五分後に自分で何かを考えようとして、結局その時に考えるつもりであったことが実現しなかったことを意味します。

つまり、私たちは自分自身で自由に考えているように思っていますが、そうではないのです。「我思う、故に我在り（Je pense, donc je suis）」と言ったのは、近代西欧哲学の祖と言われるデカルト（１６５０年没）です。デカルトは方法的懐疑によって確実な知識に達する出発点として、「我思う」という疑うことができない事実から、「我」の存在を推論することができると考えました。

デカルト以降の近代西欧哲学は、自然哲学であると社会哲学であるとを問わず、思考する主体「私」としての個人を出発点とします。

しかし、発達心理学が教えるところでは、幼児が「私、僕」などの一人称を使い始めるのは個人差がありますがおおよそ一歳から二歳の間で、自我が生まれるのと並行しています。新生児にはまだ自我などなく、ただ感覚があるだけです。物に触れて身体を動かし、他の人間たちから声を掛けられ世話をされ相互作用をしているうちに、少しずつ自分と他人の境界がわかってきます。

幼児はまず、自分が呼ばれる名前で自分を自分として認識します。犬や猫でも名前を呼ばれているうちに、その名前に反応するようになります。しかしやがて親などの大人や年長の子供たちが、別の人と話す時に自分のことを「私、僕」といった一人称で呼ぶのに気付きます。

自分の名前や他の個体の固有名、そして自分との具体的な関係がある者の役割の名前（お父さん、お母さん）を学んだ後、すべての人間が自分とは別の人間であれば誰であれ対峙した時に名乗れる「名前」を幼児が理解する。それが一人称を使いこなせるようになることです。言い換えれば、具体的な個々の人間ではなく、純粋に他者との関係だけを意識的に抽象することができて初めて、固有名としての具体的な「自分」から分化し、その「自分」に、あらゆる他者と共有される一人称「私」が立ち上がるのです。

ドイツの大哲学者ヘーゲル（1831年没）風に言うと、自己自身への反省的関係を欠く「無自覚」の「即自（an sich）存在」から、他者と交渉することで自己の自立性を失う「対他（für anders）存在」へと発展することで幼児に一人称「私」が析出するのです。

どうしてこんな話をしているのかというと、「私」という概念は明証的に意識に与えられたものではなく、他者に照らし出された対自的なもの、つまり明証的な自分の意識が「自—他」に分裂した後の「自」を普遍的な「他者にとっての他者」の形式に落とし込んだ自己像であって、確実な知識の出発点になる意識に直接明証的に与えられたものではない、ということを言いたいからです。

「我思う、故に我在り（Je pense, donc je suis）」に話を戻します。実は問題は日本語とフランス語、というか日本語と西欧諸語の文法の根本的な違いが関わってきます。「我思う、故に我在り（Je pense, donc je suis）」というデカルトの方法的懐疑から導かれた命題は、主語と動詞をもって文章の基本とする西欧諸語だから成り立つように映った誤謬なのです。疑いえない出発点は意識に現前する「私は思う」という事実ではなく、「思考」そのものなのです。

日本語の易しい文章で説明しましょう。新生児はもちろんただの感覚しかありません。しかし言葉を覚えた後の言語的に分節化された意識には、言語化された思考が常に流れて行きます。その多くは口に出されない心の中の独語ですが、わかりやすいように私たちが日常的に口にしている言葉を例にあげましょう。

「暑い〜！」「痛っ！」「うざっ！」

これらを英語にすれば、"It's hot", "It hurts", "It's annoying" などとなるでしょう。どこにも「私」は現れません。「私」が出てくる表現に直してみましょう。

"I'm feeling hot", "I'm in pain", "I'm annoyed" わかりやすいように直訳してみましょう。

「私は暑いと感じている」「私は痛みのうちにある」「私はイラつかされている」とい

った表現になります。「暑い〜！」「痛っ！」「うざっ！」なら皆さんでも、独り言でも、周りに人がいて口にするにしても少しも不自然でなく口を突いて出ると思います。まぁ、「うざっ！」を口にする時は、小声で側にいる友達にしか聞こえないように呟くことが多いと思いますが。

それに対して「私は暑いと感じている」「私は痛みのうちにある」「私はイラつかされている」は、そもそも心の中でこんな風に独り言を言う人はまずいないでしょう。もしそう言うなら、それはそのシチュエーションにおける心の状態の表現ではなく、そのシチュエーションに置かれた自分の心の客観的な内観の表現でしょう。

つまり、西欧諸語だと文の主語として現れる一人称の「私」とは、言語的に分節化された意識、あるいは思考の主体ではなく、思考の対象となる、むしろ主題となるものなのです。先ほど述べたように、一人称「私」とは対自存在ですので、例外的に即自的な自分について考えをめぐらせる場合にのみ出現する他者なのです。これは右にあげたような単純な感情の意識には限りません。

ＳＮＳの言い争いでもよく使われる「それはあなたの考えですよね」という表現があります。たまたま今、開いているTwitterから例を取りましょう。

1「争いがなくてみんなが仲良い方がみんな幸せだよ?」「それはあなたの考えなの」

2「歴史的にみたら野蛮なロシア軍解体が一番平和。見捨てるという行為を行う人、国が、他者、他国から信頼されるはずがない。人としての感性を保つ勇気を持てない様な楽に流れる人間は絶対に信頼されない。絶対に」「それはあなたの考えですよね?」

3「正直ボク仕事も子育てもしんどい面と楽しい面があってしっかり取り組むと自分が成長できることでもあるので、しんどいっていう理由で逃げるのは勿体無いしつまんないなと思ってるんですよねー楽しく英語を学ぼう!」

「それはあなたの考えですね」

言い争いの正否には無関係です。

アインシュタイン「$E=mc^2$」有象無象A「それはあなたの考えですよね」ニュートン「F=ma」有象無象B「それはあなたの考えですよね」でも同じことです。

どんな複雑で難解な思考であれ、思考は「私」が「考える」のではなく、「私」が現れたとすれば、それは「その思考」と「私」の関係が主題として意識に上っている、ということであり、最初の思考の言い換えではなく、高階の別の思考なのです。

本書を読んでいる時には、ただそのテキストが意識に流れて行くだけであり、それに加えて「私」がそれについて何か考えるわけではありません。そうではなく、それはテキストが終わった後で、その理解として意識の上に新たに浮かぶのです。

言語的に分節化された即自的意識は、考える主体ではなく、思考がそこに浮かび流れゆく場のようなものです。著者が「書き」、読者が「読む」という「表現」で行われるコミュニケーションは、言語を媒介として行われます。これまで言語的に分節化された意識の話だけをしてきました。しかし「自分」を言語的に分節化された意識に還元することはできません。

難しい話ではありません。文章を読んでいる時、文章を書いている時に、言語的に分節化された意識はそのテキストの言葉の流れそのものになっていますが、その時も他の感覚器官は機能しています。テキストの文章以外の視野にあるものの視覚情報は意識に上らないだけで私には認識されています。聴覚、味覚、嗅覚、触覚も同様です。

それだけではなく、お腹が空いた、喉が渇いたといった欲望もとりあえず意識には上りませんが存在しています。

そういった低次の感覚、欲求だけではありません。五感の記憶、特に生まれてからその時までに聞いたすべての人間の音声、目にしたすべての文章は思い出すことができるかどうかにかかわらず自分の無意識の中に蓄えられており、言語的に分節化された意識を生み出します。ですから本書のような人間が生み出す著書や論文などは、対自的な意識である「私」の作品であるよりもむしろ、その人間という「場」に蓄えられた言語、語彙だけでなく、それを文章に纏めあげる文法の理解を含めた、スイスの言語学者ソシュール（1913年没）の言うラング（個々の人が使う具体的な言葉ではなく、一定の共同体や社会が共有する言語のシステム、つまり「言語体系」のこと）こそが作品を生み出す主体とさえ言えると私は思っています。

そしてAIが急激な進歩を遂げ、PCの操作で瞬時にしてインターネット上に蓄えられた言語情報にアクセスし、それを引き出して加工することが可能になった現在、これまで人間の記憶に頼っていた語彙と文法規則の理解が、AIのネットワーク上の言語情報データバンクと文章生成ソフトの操作能力の習熟に置き換えられつつあるように思います。

そもそも自由に行為する主体としての「私」という概念が解体されれば、すべての「私」が観測しうるものだけが「客観的」実在であり、人間は素粒子の集まりに過ぎず、その振舞いは厳密に物理法則に従い、物理学の用語で記述される、という近代西欧科学の世界観は根底から崩れます。

先ほど、皆さんに実証してもらった通り、私たち人間にとって最も大切な問題、自分が五分先に何を考えて何を望んでいるかさえ、私たちにはわからないのです。五分を一分に縮めても一日に延ばしても同じことです。自分の心ですらそうですから他人の心はなおさらはかり知れません。

そしてそれは物理学が進めば解決する、という問題ではありません。心の中については実証が困難なので人間の振舞いで思考実験をしてみましょう。例えば好きな相手がいて結婚を前提に付き合いたいと思っているとします。その時に最も正しい科学的選択は、物理学的な解析でしょうか。

自分と相手の一〇年ほどの行動に関して、自分とその相手を物理学によってそれぞれの素粒子の組成を厳密に記述し、ついで両者の素粒子同士の相互作用が可能な範囲の環境についても同様に厳密に既述した上で、その両者を構成する素粒子の運動の一〇年にわたる推移のモデルを作り、その中で両者が婚姻届けを提出して受理されたという素粒子の状態が起きる確率を求め、最も蓋然性の高いモデルに合わせて行動する、といったことになるでしょう。

こうした長期予測が物理学には原理的に不可能なことは、カオス理論の三体問題とバタフライ効果を例に既に述べました。しかしそれ以前にそもそも「自分とパートナーが婚姻届けを出して受理される状態」が素粒子の振舞いとしてどのように記述されるのか、物理学者でない私にはまったく想像もつきません。

そこで簡略し短期予想で、では明日どうするのが最善か、で考えてみましょう。「自分とその相手を物理学によってそれぞれの素粒子の組成を厳密に記述し、ついで両者の素粒子同士の相互作用が可能な範囲の環境についても同様に厳密に既述する」というところまでは同じです。といっても光が一日で届く距離は二五億キロメートルほどですから、これなら環境の厳密な記述は天王星あたりまでの素粒子のすべてを調べればよいだけですので、太陽系の外まで記述しなければいけない一光年に比べると遥かに楽です。しかし実際には人類は天王星どころか地球のマントル層から地核までの大まかな構造すら観測不可能でエビデンスのない推測しかできていませんから、資金に糸目をつけず地上のすべての物理学者と実験器具とコンピューターを動員しても一日でできることは皆無でしょう。

環境以前に、自分とその相手の素粒子の組成を厳密に記述しようにも、観測測定している間にもその状態が刻々と変わっていくのですから観測自体が成り立ちません。しかし現実には不可能でも、この思考実験の結果は明白です。世界中の全資源をつぎ込んで自分の素粒子の組成と振舞いの測定を始めた時点でその相手が実験の継続も結婚も断固断るのは目に見えています。

こういった人間にとって切実な問題において、最も厳密な科学である現代物理学を例にとって科学の無力、「科学的」に振る舞うことの不適切は理解してもらえたかと思いますが、ただそう言うだけなら、「人間はまだまだ未開だ」「もっともっと科学を進歩させなければならない」というような話で終わりです。しかしそんなことが言いたいわけではありません。

ヒューマンスケールの人間の問題には科学は無力でも、他に遥かに有効な対処法があるのです。人文科学や社会科学や一般教養さえ持ち出す必要はありません。有史以来、人類が繰り返したことです。求婚の言葉を口にし、答えを尋ねればよいのです。

もちろん、時と場所と状況次第で最適な尋ね方は違います。尋ねるといっても、現代であって片想いであまり親しくない相手なら、相手の住所を調べ上げて花束を持って深夜にいきなり家を訪ねて相聞歌を詠みあげるなどは、ストーカー被害を報告され接近禁止命令を出されることになるのでＮＧです。

知り合いを辿って相手から連絡先を教えてもらい、とりあえず食事にでも誘うのが無難でしょう。「相手が思わずＯＫしちゃう！初デートでの上手な食事の誘い方」なんてマニュアルを読み漁る必要はありませんが、最低限相手のことを知っておくことは必要です。相手がイスラーム教徒なのに豚カツ屋や豚骨ラーメン屋に誘うなどは論外です。まぁ、イスラーム教徒でなくても、デートで豚カツ屋やラーメン屋に誘うのは悪手だと思いますが。

実のところ、わからないことがあれば尋ねる、というのは言語を獲得したホモサピエンスにとって極めて汎用性のある生存戦略、理解、知識の獲得の方法であり、学界を含む実社会の処世術でもあり、学術論文の書き方もそれを洗練させたものに過ぎません。学界でも理系、文系を問わず、研究者はまずゼミ、研究室の先輩たちに、その専門分野の文化圏の礼儀作法、エートスから、具体的な研究テーマの選び方、基本文献、最新の研究動向、論文の書き方まで聞いて教わることで職業研究者の道を歩み始めます。

現在では人に聞く代わりに、ＡＩに尋ねたりインターネットで検索したりすることも増えていますが、わからないことは知っている人、あるいは知っていそうな人に尋ねるのが何事であれ知の近道であることに変わりはありません。ネット検索などもその応用に過ぎません。研究を進める上でその分野の先行研究を参照するというのもＱ＆Ａの進化型です。

今の世の中、視野狭窄で無責任なバカどもの「自分の頭で考えろ」といった妄説《もうせつ》が溢れています。「考え」は「頭に浮かぶもの」であって人が自由な主体として意図的に「考える」ことができるものではない、ということはここまでしつこく述べてきたので繰り返しません。とりあえず「自分の頭で考えろ」という言葉を常識的な意味で解して、他人の言うことを信じず、他人に尋ねず、自分がその時点で持っている知識だけで問題を解こうとすることだとしましょう。

そんなことをしていればホモサピエンスは今もチンパンジーやゴリラやオランウー

タンら類人猿の仲間たちと一緒に自然と共生して森で暮らしていたでしょう。みんなが親の言語を共有して使わず、言語哲学者ヴィトゲンシュタイン（1951年没）が言うような「私的言語」を一人ひとり別々に考え出していたら、人間は互いに言語コミュニケーションが取れず複雑な知識や文化を書き残し伝えることができなかったでしょうから。

科学史上に残る大天才ニュートン（1727年没）でさえも「私がより遠くを眺めることができたとしたら、それは巨人の肩の上に乗ったからです」と述べています。ニュートンのような天才ならぬ凡人が自分の頭で考えても何も思いつかず時間を無駄にするか、間違えた結論に達して時間を無駄にするだけでなく失敗を繰り返すのがおちです。

私たちはコンピューターを使うのにコンピューターの仕組みを学んで、ハードウェアを設計し材料を調達して自分で組み立て、ソフトウェアを自分でプログラミングしてインストールし自分でそれを走らせる必要はありません。詳しい人に自分の使い道に一番かなった機種は何か尋ねて、それを買い込んでその上で使い方を詳しい人に教わって使えばよいだけです。電子レンジでもエアコンでも動く仕組みなど考えずにスイッチを押していればいいのと同じです。
「光が一日で届く距離は二五億キロメートルほど」と書きましたが、光の速さを私が自分の頭で考えていたら、それだけで一生が終わって結局わからないままになっていたでしょう。そもそも二五億キロメートルなんて自分で書いていてもどれぐらい遠いのか想像もつきません。「一〇のマイナス三五乗メートル」なんてなおさらです。

人間にとって重要なヒューマンスケールの事象についての課題の解決には、厳密な精度で仮説の検証可能な客観的な科学よりも、わからなければ知っている（知っていそうな）人間に尋ねる、という「原始的」な行動の方が遥かに汎用性が高く有用である、という当たり前の事実にまず気付くことが大切なのです。もちろん、これは科学の否定でも、科学の貶下《へんげ》でもありません。

よく知っている人に尋ねるのに、科学の成果である携帯電話やインターネットは大いに使うべきだと思いますし、人間ではなくChatGPTのようなＡＩに尋ねるのもありだと思っています。むしろ、科学の成果である携帯電話やインターネットを使うことが短期的、長期的に有用か否かを、厳密科学である物理学の方法で実証しようとすれば、誰も携帯電話もＡＩも使うことができなくなってしまうでしょう。

だから「よく知っている人に尋ねるのが一番」「人文科学の方が自然科学よりも重要」などと言いたいのではありません。質問と回答の形式に内在する権力関係が生み出す知の歪曲のメカニズムのような問題はあるのですが、それはＪＵＭＰでこの世界の外へ飛び出してから取り組むべき課題です。

ここでの問題はなぜ、ヒューマンスケールの人間的事象では、ミクロの素粒子の世界、マクロの宇宙論の世界ではあれほど有効性が実証されている厳密科学の方法が無力で、文字通り原始的な「よく知っている人に尋ねる」という方法がそれより遥かに簡単に高い精度で課題を遂行できるのでしょうか。

そのように進化した結果として現在生き延びているからだ、という生存バイアスによる説明も可能です。しかし私は別の説明がより生産的だと思っています。

量子物理学者のブライアン・グリーンは《物理学者がデータを解析して得られた結果を発表する時には、確立された数学的手続きを使って、信頼度を定量化している。一般に、「発見」という言葉が使われるのは、定量化した信頼度がある閾値を超えた時だけで、データに含まれる統計的ゆらぎのせいで誤りに導かれる確率が、三五〇万分の一以下でなければならない》と述べています。[*3]

物理学のデータに基づく理論における統計的ゆらぎによる三五〇万分の一の誤差は極めて小さいように思われます。しかしそれは物理学の理論にも三五〇万分の一以下の確率で誤りが生ずることが、統計的ゆらぎが存在する場にはありうるということです。

宇宙には重力の特異点であるブラックホールのように「特異点（宇宙を理解するのに使う数式が誤作動する場所）」が存在します。宇宙は基本的に一様であり、どの方向を観測しても同じエネルギー（波長1ミリメートル絶対温度約2・7度）の光が観測されますが、宇宙の物質密度に対して十万分の一という小さな温度の「ゆらぎ」が発見されています。この「ゆらぎ」は宇宙誕生直後の「量子的なゆらぎ」が宇宙の膨張によって拡大したもので、現在の宇宙が一様ではなく膨大な数の多様な銀河の大規模構造を有するのはこの「ゆらぎ」が原因であると言われています。

そして現代の宇宙論では、今の宇宙が誕生した直後、大量の物質と反物質が作られ、物質と反物質はお互いにぶつかりあい、対消滅して消えてしまいましたが、量子的「ゆらぎ」が起こり、一〇億分の一程度の比率で物質の方が多くなったため、対消滅した後も一〇億分の一程度の物質が残ることになり、星や銀河が作られた、と言われています。

また「場の量子論」によれば物質と反物質が対消滅した真空には温度がなく五感でも観測器具でも直接観測することはできない得体の知れない「無限大」のエネルギーが存在することになります。[*4]

これらのことから何が言えるのでしょうか。私たちが虚空と思っていた空間（真空）は五感では観測不能な無限のエネルギーに満ちており、私たちの知るこの宇宙に存在するもの（物質）はこの（宇宙の初めに対消滅したかに見えた物質と反物質の）無限のエネルギーに満ちた真空の微小な残り物の量子的ゆらぎが膨張したものに過ぎません。そしてそのゆらぎのために宇宙は一様で無構造なカオスではなく多様な物質が偏在する構造を持つことになり、物理学の法則が成立しない特異点が生まれました。私見ではヒューマンスケールで私たちの心が織り成す人間的事象の領域もまた、この宇宙の量子的ゆらぎが生んだ特異点の一つなのです。

既に述べたように、微小な入力の差異がシステム全体に大きな影響を及ぼすバタフライ効果でたった一人の人間の偶然の決断や行動が国際政治システムに影響して世界史を動かし何億人もの人間の生死を分け人生を一変させることもありますが、それを大きな影響と判断するのはあくまでもヒューマンスケールの人間の視点での話であり、マクロな宇宙論的スケールでも、ミクロな量子論的スケールでも無限小として無視して扱っていい微小な変化でしかありません。

しかし物理学が宇宙論というマクロな系、量子力学というミクロな系で極めて高い精度で厳密に検証可能な予測モデルを構築できるように、人間的事象という領域を宇宙のマクロレベル、素粒子のミクロレベルの中間の、人間的事象というヒューマンスケールという中間のレベルの別の系として扱ってみてはどうでしょう。そうすれば物理学がマクロやミクロのレベルで成功を収めたような精度での検証に耐える法則モデルを提示できないのに対して、日常言語による質問と対話という原始的なコミュニケーションによって、時間とエネルギーと情報処理においてわずかなリソースの投入でヒューマンスケールでの生存戦略として人類が子孫を残して生き残るのに十分な精度での合理な判断を下すことができることを認めることができます。そしてそこに西洋近代科学の世界観とはまったく別の世界観が開ける可能性が生じるのです。

西洋近代科学の世界観を拒絶、否定しろと言っているわけではありません。現代においても古典力学がヒューマンスケールの力学系では近似的に実用に困らない十分な精度で使えるように、三五〇万分の一以下では誤差が生じうるとしても宇宙のスケールや素粒子のスケールでは相対性理論と量子力学を使うのが合理的です。しかしヒューマンスケールの人間的事象の系がまさにこの微小な誤差の生じる特異点であるとすれば、そこではそれを扱うに相応しい別の知の形があっていいことになります。そしてそれが読者の皆さんが、その有効性を日常生活の中で日々検証している、言語コミュニケーションによる対話、特に（親や教師や先輩などの）自分よりよく知っている（と信ずる）者の話を聞き、時に答えを求めて尋ねることなのです。

それだけではありません。スケールの違いによってそれに相応しい知の形式が異なることを認めれば、現代科学の仮説にも新しい見方ができるようになります。現代の相対性理論、量子力学に基づく宇宙論、素粒子論の世界では精度誤差一〇の一五乗分の一といった測定も可能になっていると言われます。

しかし実は現代の宇宙論では、質量は持つが光学的に直接観測できず遍《あまね》く存在するが通常の物質とはほとんど相互作用しない正体不明の「ダークマター（暗黒物質）」、宇宙全体に広がり負の圧力を持ち実質的に反発する重力の効果を及ぼす仮想的なエネルギー「ダークエネルギー」の存在が仮定されており、宇宙全体のエネルギーのうちダークエネルギーの占める割合は六八・三%、ダークマターは二六・八%であり、通常の物質は四・九%を占めるに過ぎないと言われています。つまり現実には高い精度で検証しうる現代物理学が通用すると言えるのは、現代物理学自体が仮定している宇宙の約九五%を適用外としているからに過ぎないのです。

つまり先ほど述べた熱は持たないが無限のエネルギーを秘めた真空の存在を考えあわせると、現代の物理学が近似的に有効なのは私たちに観測可能な宇宙のマクロなスケールと、素粒子のミクロのスケールのみで、それより大きな宇宙を超えたスケール、素粒子より小さなスケールでは現代科学の方法論が必ずしも唯一の有効ではない未知の世界が広がっている、という「事実」、というか可能性が明らかになります。

そうすると人間は素粒子から出来上がっており、人間の意識も行動も、脳を中核とする光円錐の内部の素粒子の振舞いの合計である、という要素還元論的な人間理解も再考を求められます。つまり、人間はそれ以外に、それらが想定する「通常の物質」より遥かに多大な真空、ダークマター、ダークエネルギーから正体不明の作用を受けており、それらは現時点では現代の物理学の方法が有効でないことが知られています。

実は、現代の科学者の中にも、ＡＩは言うに及ばず、いかなるシステムであれその複雑性に応じて電子や陽子からサーモスタットにいたるまで原初的な意識が宿ると考える立場があります。[*5] そうであるなら、「通常の物質」の宇宙の「外」の世界からの人間への作用の中に、現代科学では感知できない意識ある存在からの言語的非言語的メッセージが含まれている可能性を否定することはできません。

本書の最後の③ＪＵＭＰの目的は、宇宙には外部があり、「自分」とはその外部との接面であることを知ることである、と言いました。そして「宇宙の外部」へと自己を超出する鍵は、まず「自由な自己」など存在しないことを悟ることでしたが、その鍵で宇宙の外部への扉を開くには、自分の生の意味、客観的に実在する善と正義を求めて「宇宙の外部」に真摯な問いを投げかけ、「宇宙の外」からのメッセージを伝えるか細い声に耳を澄ませることが必要なのです。そして本書が皆さんにそのメッセージを伝える縁《よすが》になりますように。

＊1　池田信夫「戦後最悪になった「超過死亡数」の原因はワクチン接種なのか？　有力な容疑者だが有罪とは断定できない」『JBpress』２０２３年3月3日付参照。

＊2　Aylin Woodward「６６００万年前、恐竜を絶滅させた小惑星の衝突直後に起きたことがわかった」『BUSINESS INSIDER』２０１９年10月1日付参照。

＊3　ブライアン・グリーン『時間の終わりまで　物質、生命、心と進化する宇宙』（講談社、２０２３年）３４１頁参照。

＊4　２０１２年に南部陽一郎が真空に巨大なエネルギーを注入することによって真空からヒッグス粒子を叩きだすことに成功したことで、真空が無でないことが証明されました。山田克哉「何もないはずの「真空」から「質量が生まれた」ってどういうこと？」『現代ビジネス』２０１３年10月18付参照。

＊5　茂木健一郎『クオリアと人工意識』（講談社、２０２０年）42頁参照。劉慈欣のＳＦ小説『三体』（早川書房２０１９年）に登場する11次元の陽子を2次元に展開して作られた知性を持つスーパーコンピューター「智子（ソフォン）」は、地球上では女性のアンドロイドの姿をとって人類とコミュニケーションを取る設定ですが、抜群に面白いので、おすすめです。

中田考（なかた・こう）

1960年生まれ。イブン・ハルドゥーン大学客員教授。83年イスラーム入信。ムスリム名ハサン。東京大学文学部宗教学宗教史学科（イスラム学専攻）学科卒業。カイロ大学博士〔哲学〕。クルアーン釈義免状取得、ハナフィー派法学修学免状取得。在サウジアラビア日本国大使館専門調査員、同志社大学神学部教授などを歴任。著書に『みんなちがって、みんなダメ 身の程を知る劇薬人生論』（ベストセラーズ）、『宗教地政学から読み解くロシア原論』（イースト・プレス）、『13歳からの世界征服』『70歳からの世界征服』（共に百万年書房）、『私はなぜイスラーム教徒になったのか』（太田出版）、『イスラーム入門 文明の共存を考えるための99の扉』（集英社新書）など多数。共著に『イスラームの論理と倫理』（晶文社）、『イスラムが効く！』（ミシマ社）、『一神教と国家 イスラーム、キリスト教、ユダヤ教室』（集英社新書）などがある。
ツイッターは@ HASSANKONAKATA

1日《にち》1講義《こうぎ》1ヶ月《かげつ》で心《こころ》が軽《かる》くなる考《かんが》えかた
どうせ死《し》ぬ　この世《よ》は遊《あそ》び　人《ひと》は皆《みな》

2023年9月19日　初版第1刷発行

著　者　中田考
発行者　岩野裕一
発行所　株式会社実業之日本社
〒107-0062　東京都港区南青山 6-6-22　emergence 2
電話　（編集）03-6809-0473　（販売）03-6809-0495
https://www.j-n.co.jp/
印刷・製本　大日本印刷株式会社
装丁・本文デザイン　古屋郁美
本文DTP　加藤一来
校正　ぷれす
プロデュース　えらいてんちょう（矢内東紀）
編集　白戸翔（ニューコンテクスト）

　ISBN978-4-408-65048-7（第二書籍）